셈연구시리즈 **74**

레위기와 함께하는

묵상노트2

한국기독교교육교역연구원 편

임창복 집필

단 몇 분만이라도 하나님의 말씀을 고요히 묵상하는 사람은

하나님 안에서 분명해지고, 성경말씀이 자신에게 적용되어 삶으로 배어들게 되므로
날마다 주 안에서 평안과 인내와 기쁨의 삶을 사는 힘을 공급 받을 수 있습니다.

한국기독교교육교역연구원
Since 2004   www.kcemi.onmam.com

머 리 말

사단법인 한국기독교교육교역연구원은 2009년 2월 5일 이래 페이스북과 본 연구원 홈페이지에 "오늘의 말씀묵상"을 매일같이(주일은 제외)올려 오고 있습니다. 이를 모아 현재까지 「누가복음과 함께하는 묵상노트」 가 제1권부터 제4권까지, 「요한복음과 함께하는 묵상노트」 가 제1권부터 제4권까지, 「창세기와 함께하는 묵상노트」 가 제1권부터 제4권까지, 「사도행전과 함께하는 묵상노트」 가 제1권부터 제4권까지, 「히브리서와 함께하는 묵상노트」 제1권부터 제2권까지, 「로마서와 함께하는 묵상노트」 제1권부터 제2권까지, 「이사야와 함께하는 묵상노트」 제1권부터 제3권까지, 「마태복음과 함께 하는 묵상노트」 제 1권부터 제 2권까지, 「레위기와 함께하는 묵상노트」 제 1권에 이어 이번에는 「레위기와 함께하는 묵상노트」 제2권을 하나님의 은혜 가운데 또한 이사님들과 후원하는 교회들과 개인 후원자님의 끊임없는 기도와 후원으로 출판하게 되었습니다. 감사를 드립니다.

본 연구원이 "오늘의 말씀묵상"을 중요시 하는 이유는 매일 단 몇 분만이라도 하나님의 말씀을 고요히 묵상하는 사람은 삶의 질서가 하나님 안에서 분명해지고, 또한 '성경말씀'이 날마다 자신에게 적용되어 삶으로 배어들기 때문입니다. 그리하여 묵상 자는 주 안에서 평강과 인내와 기쁨의 삶을 사는 힘을 공급받을 수 있게 됩니다.

무엇보다도 먼저 본서가 출판되기까지 함께하신 하나님께 감사를 드립니다. 이 책을 통하여 묵상하는 모든 이들이 성경말씀으로 치유 되고, 도전받고, 구속함을 입어 변화되는 하나님의 역사가 임하시기를 기원하면서 머리말을 맺습니다.

2024년 3월

사단법인 한국기독교교육교역연구원 원장 **임 창 복**

묵상기도하는 방법

1. 우선 몸의 균형을 잡고 개방적인 상태로 눈을 감은 채, 편안히 앉아 긴장 완화를 쉽게 하기 위해서 몇 번 깊게 숨을 쉰다.

2. 하나님의 임재를 위한 기도를 드린다. (원하면, 기도 후에 찬송을 부르거나 묵상하기 좋은 음악을 듣는다.)

3. 묵상할 주제를 본 다음, 묵상할 말씀을 한 번 전체적으로 면밀히 그리고 능동적으로 읽는다.

4. 묵상할 말씀을 두 번째 읽으면서, 첫 번째 읽을 때 스쳐 지나간 부분까지 전체 내용이 마음과 머리에 기억되도록 집중하여 능동적으로 읽는다.

5. '기도 요점'과 '도움의 말'을 한 번 읽고 난 후, 다시 세 번째로 묵상할 말씀을 읽어 가면서 특별히 마음과 눈이 머무는 특정 말씀이나 구절 혹은 성경말씀 이야기 안으로 수동적으로 들어간다. 이때 다른 생각이나 잡념과 같은 것은 내려놓는다. 혹은 그것에 붙잡히지 않고 흘러가게 한다.

6. 주님과 대화하면서 묻기도 하고, 주님의 음성을 듣기도 하며, 묵상하는 말씀들로부터 내면으로 스며드는 느낌이나 혹은 말씀 안의 배경, 인물, 대화내용 등으로 몰입되면서 묵상자를 치유하고, 도전하고, 그리고 고요하게 하는 말씀의 능력에로 몰입되어 들어간다.

7. 자신이 묵상한 말씀과 주님과의 대화의 응답으로 '응답의 기도'를 드리며 묵상기도로부터 벗어난다.

8. '묵상노트' 하단의 빈 공간에 자신이 '묵상한 내용'과 '응답의 기도'를 기록한다.

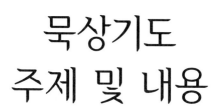

묵상기도
주제 및 내용

말씀 묵상노트의 목적은 그리스도인들이 말씀 묵상, 기도생활을 통하여 성령의 역사로 하나님의 지속적인 현존에 거하게 하는 데 있다. 다른 말로 표현하면, 이는 순간순간, 날마다, 직장 혹은 가정, 그리고 시장에서도 영원성에 그 중심을 두는 삶, 즉 하나님의 현존 안에 우리의 삶이 거하도록 하는 데 있다. 이와 같이 하여 그리스도인의 성경말씀 묵상 기도의 결실은 성령의 인도하심에 따라 세상에서 하나님과의 깊은 관계 속에서 삶을 살 수 있게 하는 데 있다.

57

환부에 의한 문둥병 진단에 관한 규례

레위기 13 : 1-6

여호와께서 모세와 아론에게 말씀하여 이르시되 만일 사람이 그의 피부에 무엇이 돋거나 뾰루지가 나거나 색점이 생겨서 그의 피부에 나병 같은 것이 생기거든 그를 곧 제사장 아론에게나 그의 아들 중 한 제사장에게로 데리고 갈 것이요 제사장은 그 피부의 병을 진찰할지니 환부의 털이 희어졌고 환부가 피부보다 우묵하여졌으면 이는 나병의 환부라 제사장이 그를 진찰하여 그를 부정하다 할 것이요 피부에 색점이 희나 우묵하지 아니하고 그 털이 희지 아니하면 제사장은 그 환자를 이레 동안 가두어둘 것이며 이레 만에 제사장이 그를 진찰할지니 그가 보기에 그 환부가 변하지 아니하고 병색이 피부에 퍼지지 아니하였으면 제사장이 그를 또 이레 동안을 가두어둘 것이며 이레 만에 제사장이 또 진찰할지니 그 환부가 엷어졌고 병색이 피부에 퍼지지 아니하였으면 피부병이라 제사장이 그를 정하다 할 것이요 그의 옷을 빨 것이라 그리하면 정하리라

기도 요점

여호와께서 모세와 아론에게 말씀하여 이르신 환부에 의한 문둥병 진단에 관한 규례를 찬찬히 살펴보십시오.

도움의 말

여호와께서 모세와 아론에게 말씀하여 이르시되 만일 사람이 그의 피부에 무엇이 돋거나 뾰루지가 나거나 색점이 생겨서 그의 피부에 나병 같은 것이 생길 때의 규례를 말씀하십니다. 피부에 이같이 나병 같은 것이 생길 때 그를 곧 제사장 아론에게나 그의 아들 중 한 제사장에게로 데리고 가라 명하십니다. 제사장은 우선 그 피부의 병을 진찰할 것인데, 그 환부의 털이 희어졌고 환부가 피부보다 우묵하여졌으면 이는 나병의 환부이므로 제사장이 그를 진찰하여 그를 부정하다 이르라 명하십니다. 그러나 피부에 색점이 희지만 우묵하지 아니하고 그 털이 희지 아니하면 제사장은 그 환자를 이레 동안 가두어 두라 이르십니다. 그러나 이레 만에 제사장이 그를 진찰할 때 그가 보기에 그 환부가 변하지 아니하고 병색이 피부에 퍼지지 아니하였을 경우, 제사장이 그를 또 이레 동안을 가두어 두라 명하십니다. 이레 만에 제사장이 또 진찰할 것인데, 그 환부가 엷어졌고 병색이 피부에 퍼지지 아니하였으면 이는 피부병이므로 제사장이 그를 정하다 이르라 하십니다. 이제 그의 옷을 빨면 정하여 집니다.

58

환부에 의한 문둥병 진단

레위기 13 : 7-8

그러나 그가 정결한지를 제사장에게 보인 후에 병이 피부에 퍼지면 제사장에게 다시 보일 것이요 제사장은 진찰할지니 그 병이 피부에 퍼졌으면 그를 부정하다 할지니라 이는 나병임이니라

기도 요점

여호와께서 모세와 아론에게 환부에 의한 문둥병 진단에 관한 규례를 말씀하셨는데, 그 규례는?

도움의 말

여호와께서 모세와 아론에게 말씀하여 이르시되 그가 정결한지를 제사장에게 보인 후에 병이 피부에 퍼지면 제사장에게 다시 보이라 이르십니다. 이같이 바로 퍼지는 것이 문둥병의 중요한 특징이라 합니다. 제사장은 그를 진찰하여 그 병이 피부에 퍼졌으면 그를 부정하다 할지니 이는 나병이기 때문입니다. 구약시대에 문둥병과 같이 부정한 병의 진찰과 판결권이 제사장에게 있었는데, 이

는 당시 히브리인들에게 있어서 문둥병은 질병이라기보다는 부정한 것, 즉 인간의 범죄에 대한 하나님의 심판으로 여겼기 때문입니다.

59
난육에 의한 문둥병 진단 규례

레위기 13 : 9-17

사람에게 나병이 들었거든 그를 제사장에게로 데려갈 것이요 제사장은 진찰할지니 피부에 흰 점이 돋고 털이 희어지고 거기 생살이 생겼으면 이는 그의 피부의 오랜 나병이라 제사장이 부정하다 할 것이요 그가 이미 부정하였은즉 가두어두지는 않을 것이며 제사장이 보기에 나병이 그 피부에 크게 발생하였으되 그 환자의 머리부터 발끝까지 퍼졌으면 그가 진찰할 것이요 나병이 과연 그의 전신에 퍼졌으면 그 환자를 정하다 할지니 다 희어진 자인즉 정하거니와 아무 때든지 그에게 생살이 보이면 그는 부정한즉 제사장이 생살을 진찰하고 그를 부정하다 할지니 그 생살은 부정한 것인즉 이는 나병이며 그 생살이 변하여 다시 희어지면 제사장에게로 갈 것이요 제사장은 그를 진찰하여서 그 환부가 희어졌으면 환자를 정하다 할지니 그는 정하니라

기도 요점

여호와께서 모세와 아론에게 말씀하여 이르신 난육에 의한 문둥

병 진단 및 규례를 찬찬히 살펴보십시오.

도움의 말

여호와께서 모세와 아론에게 말씀하여 이르시되 사람에게 나병이 들었거든 그를 제사장에게로 데려가라 하십니다. 그 이유는 당시 히브링에게 있어서 인간의 죄에 대한 하나님의 심판으로 여겼던 문둥병같이 부정한 병의 진찰과 판결이 제사장에게 있었기 때문입니다. 그렇기 때문에 제사장은 그를 진찰하여 피부에 흰 점이 돋고 털이 희어지고 거기 생살이 생겼으면 이는 그의 피부의 오랜 나병입니다. 이에 제사장이 그를 부정하다 할 것이라 명하지만 그가 이미 부정하였은즉 진 밖으로 쫓겨나 가두어 두지는 않습니다. 제사장이 보기에 나병이 그 피부에 크게 발생하였으되 그 환자의 머리부터 발끝까지 퍼졌으면 그가 진찰하라 명하십니다. 나병이 과연 그의 전신에 퍼졌으면 그 환자를 정하다 합니다. 왜냐하면 문둥병은 몸의 부분 부분에 색점이 발생하는데, 갑자기 전신에 이것이 퍼진 것은 몸 안의 병독이 발산된 것이기 때문입니다. 그러나 아무 때든지 그에게 생살이 보이면 그는 부정한즉 제사장이 생살을 진찰하고 그를 부정하다 하라 하십니다. 그 생살은 부정한 것인즉 이는 나병이며 그 생살이 변하여 다시 희어지면 제사장에게로 가라 명하십니다. 제사장은 그를 진찰하여서 그 환부가 희어졌으면 환자를 정하다 하라시는데, 그 이유는 생살에서 문둥병독이 제거되어 하얗게 굳어졌기 때문입니다. 이와 같이하여 그는 정하다 하십니다.

60
종기의 상처에 의한 문둥병 진단규례

레위기 13 : 18-23

피부에 종기가 생겼다가 나았고 그 종처에 흰 점이 돋거나 희고 불그스름한 색점이 생겼으면 제사장에게 보일 것이요 그는 진찰하여 피부보다 얇고 그 털이 희면 그를 부정하다 할지니 이는 종기로 된 나병의 환부임이니라 그러나 제사장이 진찰하여 거기 흰 털이 없고 피부보다 얇지 아니하고 빛이 엷으면 제사장은 그를 이레 동안 가두어둘 것이며 그 병이 크게 피부에 퍼졌으면 제사장은 그를 부정하다 할지니 이는 환부임이니라 그러나 그 색점이 여전하고 퍼지지 아니하였으면 이는 종기 흔적이니 제사장은 그를 정하다 할지니라

기도 요점

여호와께서 모세와 아론에게 말씀하여 이르신 종기의 상처에 의한 문둥병 진단규례를 찬찬히 살펴보십시오.

도움의 말

여호와께서 모세와 아론에게 말씀하여 이르시되 피부에 종기가 생겼다가 나았고 그 종처에 흰 점이 돋거나 희고 붉그스름한 색점이 생겼으면 제사장에게 보이라 하십니다. 제사장은 이를 진찰하여 피부보다 얕고 그 털이 희면 그를 부정하다 할 것인데, 이는 종기로 된 나병의 환부이기 때문입니다. 그러나 제사장이 이를 진찰하여 거기 흰 털이 없고 피부보다 얕지 아니하고 빛이 엷으면 제사장은 그를 이레 동안 가두어 둘 것이지만, 그 병이 크게 피부에 퍼졌으면 제사장은 그를 부정하다 할지니 이는 환부라 이르십니다. 그러나 그 색점이 여전하고 퍼지지 아니하였으면 이는 종기 흔적이니 제사장은 그를 정하다 하라 이르십니다.

61

화상의 상처에 의한 문둥병 진단규례

레위기 13 : 24-28

피부가 불에 데었는데 그 덴 곳에 불그스름하고 희거나 순전히 흰 색점이 생기면 제사장은 진찰할지니 그 색점의 털이 희고 그 자리가 피부보다 우묵하면 이는 화상에서 생긴 나병인즉 제사장이 그를 부정하다 할 것은 나병의 환부가 됨이니라 그러나 제사장이 보기에 그 색점에 흰 털이 없으며 그 자리가 피부보다 얕지 아니하고 빛이 엷으면 그는 그를 이레 동안 가두어둘 것이며 이레 만에 제사장이 그를 진찰할지니 만일 병이 크게 피부에 퍼졌으면 그가 그를 부정하다 할 것은 나병의 환부임이니라 만일 색점이 여전하여 피부에 퍼지지 아니하고 빛이 엷으면 화상으로 부은 것이니 제사장이 그를 정하다 할 것은 이는 화상의 흔적임이니라

기도 요점

여호와께서 모세와 아론에게 말씀하여 이르신 화상의 상처에 의한 문둥병 진단규례를 찬찬히 살펴보십시오.

도움의 말

여호와께서 모세와 아론에게 말씀하여 이르시되 피부가 불에 데었는데 그 덴 곳에 불그스름 하고 희거나 순선히 흰 색점이 생기면 제사장은 진찰하라 하십니다. 그 색점의 털이 희고 그 자리가 피부보다 우묵하면 이는 화상에서 생긴 나병인즉 제사장이 그를 부정하다 하는데, 이는 나병의 환부가 됨이기 때문입니다. 사실 화상 자체가 문둥병의 직접 원인은 아니나 이는 몸에 오래 잠복된 문둥병 균이 화상으로 익혀진 부분을 통하여 펴져 나온 것입니다. 왜냐하면 문둥병은 감염 된지 수년간의 잠복기를 지나 발병하기 때문입니다. 그러나 제사장이 화상을 입은 그 사람을 보니 그 색점에 흰 털이 없으며 그 자리가 피부보다 얕지 아니하고 빛이 엷으면 제사장은 그를 이레 동안 가두어 두라 하십니다. 이레 만에 제사장이 그를 진찰할 때에 만일 병이 크게 피부에 퍼졌으면 그를 부정하다 할 것인데, 이는 나병의 환부이기 때문입니다. 그러나 만일 색점이 여전하여 피부에 퍼지지 아니하고 빛이 엷으면 화상으로 부은 것이니 제사장이 그를 정하다 할 것입니다. 이는 화상의 흔적입니다.

62
옴에 의한 문둥병 진단규례

레위기 13 : 29-37

남자나 여자의 머리에나 수염에 환부가 있으면 제사장은 진찰할
지니 환부가 피부보다 우묵하고 그 자리에 누르스름하고 가는 털
이 있으면 그가 그를 부정하다 할 것은 이는 옴이라 머리에나
수염에 발생한 나병임이니라 만일 제사장이 보기에 그 옴의 환부
가 피부보다 우묵하지 아니하고 그 자리에 검은 털이 없으면 제사
장은 그 옴 환자를 이레 동안 가두어둘 것이며 이레 만에 제사장
은 그 환부를 진찰할지니 그 옴이 퍼지지 아니하고 그 자리에 누
르스름한 털이 없고 피부보다 우묵하지 아니하면 그는 모발을 밀
되 환부는 밀지 말 것이요 제사장은 옴 환자를 또 이레 동안 가두
어둘 것이며 이레 만에 제사장은 그 옴을 또 진찰할지니 그 옴이
피부에 퍼지지 아니하고 피부보다 우묵하지 아니하면 그는 그를
정하다 할 것이요 그는 자기의 옷을 빨아서 정하게 되려니와 깨끗
한 후에라도 옴이 크게 피부에 퍼지면 제사장은 그를 진찰할지니
과연 옴이 피부에 퍼졌으면 누른 털을 찾을 것 없이 그는 부정하
니라 그러나 제사장이 보기에 옴이 여전하고 그 자리에 검은 털이

났으면 그 옴은 나았고 그 사람은 정하니 제사장은 그를 정하다 할지니라

기도 요점

여호와께서 모세와 아론에게 말씀하여 이르신 옴에 의한 문둥병 진단규례를 찬찬히 살펴보십시오.

도움의 말

여호와께서 모세와 아론에게 말씀하여 이르시되 남자나 여자의 머리에나 수염에 환부가 있으면 제사장은 이를 진찰하라 하십니다. 머리에나 수염에 환부가 피부보다 우묵하고 그 자리에 누르스름하고 가는 털이 있으면 제사장이 그를 부정하다 할 것은 이는 옴이기 때문이라 이르십니다. 이것은 머리에나 수염에 발생한 나병이라 하십니다. 그러나 만일 제사장이 보기에 그 옴의 환부가 피부보다 우묵하지 아니하고 그 자리에 검은 털이 없으면 제사장은 그 옴 환자를 이레 동안 가두어 두라 이르십니다. 이레 만에 제사장은 그 환부를 또 진찰하는데, 그 옴이 퍼지지 아니하고 그 자리에 누르스름한 털이 없고 피부보다 우묵하지 아니하면 그는 모발을 밀지만 환부는 밀지 말라 하십니다. 제사장은 옴 환자를 또 이레 동안 가두어 두고, 이레 만에 제사장은 그 옴을 또 진찰하여

만약 그 옴이 피부에 퍼지지 아니하고 피부보다 우묵하지 아니하면 제사장은 그를 정하다 할 것이라 이르십니다. 그리고 그는 자기의 옷을 빨아서 정하게 되려니와 깨끗한 후에라도 옴이 크게 피부에 퍼지면 제사장은 그를 진찰하라 이르십니다. 이때 과연 옴이 피부에 퍼졌으면 누른 털을 찾을 것 없이 그는 부정하다 하십니다. 그러나 제사장이 보기에 옴이 여전하고 그 자리에 검은 털이 났으면, 그 옴은 나았고 그 사람은 정하니 제사장은 그를 정하다 하라 이르십니다.

63

색점에 의한 문둥병 진단규례

레위기 13 : 38-46

남자나 여자의 피부에 색점 곧 흰 색점이 있으면 제사장은 진찰할지니 그 피부의 색점이 부유스름하면 이는 피부에 발생한 어루러기라 그는 정하니라 누구든지 그 머리털이 빠지면 그는 대머리니 정하고 앞머리가 빠져도 그는 이마 대머리니 정하니라 그러나 대머리나 이마 대머리에 희고 불그스름한 색점이 있으면 이는 나병이 대머리에나 이마 대머리에 발생함이라 제사장은 그를 진찰할지니 그 대머리에나 이마 대머리에 돋은 색점이 희고 불그스름하여 피부에 발생한 나병과 같으면 이는 나병 환자라 부정하니 제사장이 그를 확실히 부정하다고 할 것은 그 환부가 그 머리에 있음이니라 나병 환자는 옷을 찢고 머리를 풀며 윗입술을 가리고 외치기를 부정하다 부정하다 할 것이요 병 있는 날 동안은 늘 부정할 것이라 그가 부정한즉 혼자 살되 진영 밖에서 살지니라

기도 요점

여호와께서 모세와 아론에게 말씀하여 이르신 색점에 의한 문둥

병 진단규례를 찬찬히 살펴보십시오.

도움의 말

여호와께서 모세와 아론에게 말씀하여 이르시되 남자나 여자의 피부에 색점 곧 흰 색점이 있으면 제사장은 진찰하라 하십니다. 그 피부의 색점이 부유스름하면 이는 피부에 발생한 어루러기이므로 그는 정합니다. 누구든지 그 머리털이 빠지면 그는 대머리니 정하고 앞머리가 빠져도 그는 이마 대머리니 정합니다. 그러나 대머리나 이마 대머리에 희고 불그스름한 색점이 있으면 이는 나병이 대머리에나 이마 대머리에 발생함이므로 제사장은 그를 진찰하라 명하십니다. 그 대머리에나 이마 대머리에 돋은 색점이 희고 불그스름하여 피부에 발생한 나병과 같으면 이는 나병 환자라 부정하니 제사장이 그를 확실히 부정하다고 할 것은 그 환부가 그 머리에 있기 때문입니다. 나병 환자는 옷을 찢고 머리를 풀며 윗입술을 가리고 외치기를 부정하다 부정하다 할 것이며 병 있는 날 동안은 늘 부정하다고 이르십니다. 그가 부정한즉 혼자 살 되 진영 밖에서 살라 이르십니다.

64
의복에 핀 문둥병 규례

레위기 13 : 47-52

만일 의복에 나병 색점이 발생하여 털옷에나 베옷에나 베나 털의 날에나 씨에나 혹 가죽에나 가죽으로 만든 모든 것에 있으되 그 의복에나 가죽에나 그 날에나 씨에나 가죽으로 만든 모든 것에 병색이 푸르거나 붉으면 이는 나병의 색점이라 제사장에게 보일 것이요 제사장은 그 색점을 진찰하고 그것을 이레 동안 간직하였다가 이레 만에 그 색점을 살필지니 그 색점이 그 의복의 날에나 씨에나 가죽에나 가죽으로 만든 것에 퍼졌으면 이는 악성 나병이라 그것이 부정하므로 그는 그 색점 있는 의복이나 털이나 베의 날이나 씨나 모든 가죽으로 만든 것을 불사를지니 이는 악성 나병인즉 그것을 불사를지니라

기도 요점

여호와께서 모세와 아론에게 말씀하여 이르신 의복에 핀 문둥병 규례를 찬찬히 살펴보십시오.

도움의 말

여호와께서 모세와 아론에게 말씀하여 이르시되 만일 의복에 나병 색점이 발생하여 털옷에나 베옷에나 베나 털의 날에나 씨에 혹은 가죽에나 가죽으로 만든 모든 것에 있다면, 그 의복에나 가죽에나 그 날에나 씨에나 가죽으로 만든 모든 것에 병색이 푸르거나 붉다면, 이는 나병의 색점이라 하십니다. 여기서 의복에 색점이란 의복에 기생하는 곰팡이로서 이는 주로 푸른색이나 붉은 색으로서 습한 의복에 많이 생깁니다. 그러면 제사장에게 이를 보일 것이요 제사장은 그 색점을 진찰하고 그것을 이레 동안 간직하였다가 이레 만에 그 색점을 살피라 이르십니다. 살펴본 결과, 그 색점이 그 의복의 날에나 씨에나 가죽에나 가죽으로 만든 것에 퍼졌으면 이는 악성 나병입니다. 이같이 의복에 곰팡이가 발생해도 제사장에게 가져가 진단을 받는데, 이는 의복에 핀 곰팡이는 문둥병과 같은 것으로 여겨 종교 의식상 죄의 부패성과 부정을 상징하였기 때문입니다. 이럴 경우 그것이 부정하므로 그는 그 색점 있는 의복이나 털이나 베의 날이나 씨나 모든 가죽으로 만든 것을 불사르라 명하시는데, 그 이유는 이는 악성 나병이기 때문입니다.

65

의복에 발생한 나병 색점의 진단 및 규례

레위기 13 : 53-59

그러나 제사장이 보기에 그 색점이 그 의복의 날에나 씨에나 모든 가죽으로 만든 것에 퍼지지 아니하였으면 제사장은 명령하여 그 색점 있는 것을 빨게 하고 또 이레 동안 간직하였다가 그 빤 곳을 볼지니 그 색점의 빛이 변하지 아니하고 그 색점이 퍼지지 아니하였으면 부정하니 너는 그것을 불사르라 이는 거죽에 있든지 속에 있든지 악성 나병이니라 빤 후에 제사장이 보기에 그 색점이 엷으면 그 의복에서나 가죽에서나 그 날에서나 씨에서나 그 색점을 찢어 버릴 것이요 그 의복의 날에나 씨에나 가죽으로 만든 모든 것에 색점이 여전히 보이면 재발하는 것이니 너는 그 색점 있는 것을 불사를지니라 네가 빤 의복의 날에나 씨에나 가죽으로 만든 모든 것에 그 색점이 벗겨졌으면 그것을 다시 빨아야 정하리라 이는 털옷에나 베옷에나 그 날에나 씨에나 가죽으로 만든 모든 것에 발생한 나병 색점의 정하고 부정한 것을 진단하는 규례니라

기도 요점

여호와께서 모세와 아론에게 말씀하여 이르신 의복에 발생한 나병 색점의 정하고 부정한 것을 진단하는 규례를 찬찬히 살펴보십시오.

도움의 말

여호와께서 모세와 아론에게 말씀하여 이르시기를 색점이 있는 의복을 칠일 후 관찰하였을 때 문둥병의 색점이 번지지 않고 그대로 있는 경우에 관한 진단 및 규례를 말씀하십니다. 제사장이 보기에 그 색점이 그 의복의 날에나 씨에나 모든 가죽으로 만든 것에 퍼지지 아니하였으면 제사장이 명령하여 그 색점 있는 것을 빨게 하라 하십니다. 그리고 또 이레 동안 간직하였다가 그 빤 곳을 제사장으로 하여금 보라고 이르시면서 그 색점의 빛이 변하지 아니하고 그 색점이 퍼지지 아니하였으면 부정하니 너는 그것을 불사르라 하십니다. 이는 거죽에 있든지 속에 있든지 악성 나병이기 때문입니다. 빤 후에 제사장이 보기에 그 색점이 엷으면 그 의복에서나 가죽에서나 그 날에서나 씨에서나 그 색점을 찢어 버리라 명하십니다. 이는 곰팡이 균이 더 이상 번식하지 못하고 소멸하였기에 점차 의복에 있었던 색점이 사라지는 것이므로 의복 등에 있는 그 색점을 완전히 떼 내어 버리라는 말씀입니다. 그러나 그 의복의 날에나 씨에나 가죽으로 만든 모든 것에 색점이 여전히 보이면 재발하는 것이니 그 색점 있는 것을 불사르라 하십니다. 그리고 네가 빤 의복의 날에나 씨에나 가죽으로 만든 모든 것에 그 색점이 벗겨졌으면 그것을 다시 빨아야 정하다 말씀하십니다. 그리고 이어 여호와께서 이는 털옷에나 베옷에나 그 날에나 씨에나 가죽으로 만든 모든 것에 발생한 나병 색점의 정하고 부정한 것을 진단하는 규례라 이르십니다.

_____

_____

_____

_____

_____

66
문둥병 완치시의 1차 정결규례

레위기 13 : 53-59

여호와께서 모세에게 말씀하여 이르시되 나병 환자가 정결하게 되는 날의 규례는 이러하니 곧 그 사람을 제사장에게로 데려갈 것이요 제사장은 진영에서 나가 진찰할지니 그 환자에게 있던 나병 환부가 나았으면 제사장은 그 정결함을 받을 자를 위하여 명령하여 살아 있는 정결한 새 두 마리와 백향목과 홍색 실과 우슬초를 가져오게 하고 제사장은 또 명령하여 그 새 하나는 흐르는 물 위 질그릇 안에서 잡게 하고 다른 새는 산 채로 가져다가 백향목과 홍색 실과 우슬초와 함께 가져다가 흐르는 물 위에서 잡은 새의 피를 찍어 나병에서 정결함을 받을 자에게 일곱 번 뿌려 정하다 하고 그 살아 있는 새는 들에 놓을지며 정결함을 받는 자는 그의 옷을 빨고 모든 털을 밀고 물로 몸을 씻을 것이라 그리하면 정하리니 그 후에 진영에 들어올 것이나 자기 장막 밖에 이레를 머물 것이요 일곱째 날에 그는 모든 털을 밀되 머리털과 수염과 눈썹을 다 밀고 그의 옷을 빨고 몸을 물에 씻을 것이라 그리하면 정하리라

기도 요점

여호와께서 모세에게 말씀하여 이르신 문둥병 완치 시의 1차 정결규례를 찬찬히 살펴보십시오.

도움의 말

여호와께서 모세에게 말씀하여 이르시되 나병 환자가 정결하게 되는 날의 규례는 이러하다 하십니다. 이는 곧 그 사람을 제사장에게로 데려갈 것이요 제사장은 진영에서 나가 진찰하여 그 환자에게 있던 나병 환부가 나았으면 그 정결함을 받을 자를 위하여 다음과 같은 명령을 합니다. 우선은 살아 있는 정결한 새 두 마리와 백향목과 홍색 실과 우슬초를 가져오게 합니다. 다음은 제사장은 또 명령하여 그 새 하나는 흐르는 물 위 질그릇 안에서 잡게 하고 다른 새는 산 채로 가져다가 백향목과 홍색 실과 우슬초와 함께 가져다가 흐르는 물 위에서 잡은 새의 피를 찍어 나병에서 정결함을 받을 자에게 일곱 번 뿌려 정하다 합니다. 그리고 그 다음은 그 살아 있는 새는 들에 놓으며 정결함을 받는 자는 그의 옷을 빨고 모든 털을 밀고 물로 몸을 씻으면 정하게 됩니다. 그 후에 정결함을 입은 그는 진영에 들어올 것이나 자기 장막 밖에 이레를 머물게 됩니다. 일곱째 날에 그는 모든 털을 밀되 머리털과 수염과 눈썹을 다 밀고 그의 옷을 빨고 몸을 물에 씻으면 정하게 됩니다.

_____

_____

_____

_____

_____

67

치유 받은 문둥병자의 2차 정결 의례

레위기 14 : 10-20

여덟째 날에 그는 흠 없는 어린 숫양 두 마리와 일 년 된 흠 없는 어린 암양 한 마리와 또 고운 가루 십분의 삼 에바에 기름 섞은 소제물과 기름 한 록을 취할 것이요 정결하게 하는 제사장은 정결함을 받을 자와 그 물건들을 회막 문 여호와 앞에 두고 어린 숫양 한 마리를 가져다가 기름 한 록과 아울러 속건제로 드리되 여호와 앞에 흔들어 요제를 삼고 그 어린 숫양은 거룩한 장소 곧 속죄제와 번제물 잡는 곳에서 잡을 것이며 속건제물은 속죄제물과 마찬가지로 제사장에게 돌릴지니 이는 지극히 거룩한 것이니라 제사장은 그 속건제물의 피를 취하여 정결함을 받을 자의 오른쪽 귓부리와 오른쪽 엄지 손가락과 오른쪽 엄지 발가락에 바를 것이요 제사장은 또 그 한 록의 기름을 취하여 자기 왼쪽 손바닥에 따르고 오른쪽 손가락으로 왼쪽 손의 기름을 찍어 그 손가락으로 그것을 여호와 앞에 일곱 번 뿌릴 것이요 손에 남은 기름은 제사장이 정결함을 받을 자의 오른쪽 귓부리와 오른쪽 엄지 손가락과 오른쪽 엄지 발가락 곧 속건제물의 피 위에 바를 것이며 아직도 그 손에 남은 기름은 제사장이 그 정결함을 받는 자의 머리에 바르고 제사장은 여호와 앞에서 그를 위하여 속죄하고 또 제사장은 속죄제를 드려 그 부정함으로 말미암아 정결함을 받을 자를 위하여 속죄하고 그 후에 번제물을 잡을 것이요 제사장은 그 번제와 소제를 제단에 드려 그를 위하여 속죄할 것이라 그리하면 그가 정결하리라

기도 요점

여호와께서 모세에게 말씀하여 이르신 1차 정결예식을 가진 후 여덟째 날에 치유 받은 문둥병자가 여호와께 제사 드리는 2차 정결 의례를 찬찬히 살펴보십시오.

도움의 말

여호와께서 모세에게 치유된 문둥병자가 여덟째 날에 해야 될 일에 관하여 말씀하여 이르십니다. 이 날은 제 1차 정결예식을 가진 후 팔 일째 되는 날인데, 이 날에 그는 흠 없는 어린 숫양 두 마리와 일 년 된 흠 없는 어린 암양 한 마리와 또 고운 가루 십 분의 삼 에바에 기름 섞은 소제물과 기름 한 록을 취하라 명하십니다. 여기서 에바는 고체의 부피 단위로서 한 에바는 약 23리터이며, 그리고 한 록은 액체의 부피 단위로서 한 록은 0.32리터입니다. 팔

일에 드리는 제사는 치유 받은 그 문둥병자로 하여금 하나님의 언약백성으로서 새롭게 태어나게 하는 예식이며 동시에 이스라엘 공동체와 사랑의 친교를 나누도록 성결하게 한다는 의미의 제사입니다. 여덟째 날에 드리는 제사는 소제와 함께 속건제, 속죄제, 번제입니다.

정결하게 하는 제사장과 정결함을 받을 자는 여호와께 제사 드리기 위하여 드린 그 물건들을 성소 앞 번제 단이 있는 성막 뜰인 회막 문 여호와 앞에 두고 어린 숫양 한 마리를 가져다가 기름 한 록과 아울러 속건제로 드립니다. 이처럼 그가 성막 뜰에 설 수 있게 된 것은 그도 다른 이스라엘 백성들과 함께 하나님과 교제를 나눌 수 있게 되었다는 것을 의미합니다. 제사장은 그 속건제를 여호와 앞에 흔들어 요제를 삼습니다. 그 어린 숫양은 성막 안 번제 단 북쪽으로 곧 여호와께 바쳐진 희생제물의 짐승을 잡는 곳인 거룩한 장소에서 속죄제와 번제물을 잡습니다. 속건제물은 속죄제물과 마찬가지로 제사장에게 돌립니다. 이는 지극히 거룩한 것이므로 제사장은 그 속건제물의 피를 취하여 정결함을 받을 자의 오른쪽 귓부리와 오른쪽 엄지 손가락과 오른쪽 엄지발가락에 바릅니다. 이는 여호와의 말씀을 경청하고 실행하는데 있어서도 정결하며 흠이 없어야 함을 의미합니다. 제사장은 또 그 한 록의 기름을 취하여 자기 왼쪽 손바닥에 따르고 오른쪽 손가락으로 왼쪽 손의 기름을 찍어 그 손가락으로 그것을 여호와 앞에 일곱 번 뿌립니다. 이는 정결함을 받을 자가 성령의 역사로 정결하게 하는 역사를 의미합니다. 손에 남은 기름은 제사장이 정결함을 받을 자의 오른쪽 귓부리와 오른쪽 엄지손가락과 오른쪽 엄지발가락 곧 속건제물의 피 위에 바릅니다. 그런데 아직도 그 손에 남은 기름은 제사장이 그 정결함을 받는 자의 머리에 바릅니다. 이는 정결함을 받은 자의 온 인격이 하나님 앞에서 정결하게 되었다는 것을 의미하며 또한 하나님께 헌신하기에 합당하다는 것을 의미합니다. 이와 같이 제사장은 여호와 앞에서 그를 위하여 속죄하고 또 제사장은 속죄제를 드려 그 부정함으로 말미암아 정결함을 받을 자를 위하여 속죄한 후에 번제물을 잡습니다. 제사장은 그 번제와 소제를 제단에 드려 그를 위하여 속죄하면 그가 정결하리라 이르십니다.

68

문둥병자의 정결예식에 있어서
가난한 자의 정결예물

레위기 14 : 21-32

만일 그가 가난하여 그의 힘이 미치지 못하면 그는 흔들어 자기를
속죄할 속건제를 위하여 어린 숫양 한 마리와 소제를 위하여 고운
가루 십분의 일 에바에 기름 섞은 것과 기름 한 록을 취하고 그의
힘이 미치는 대로 산비둘기 둘이나 집비둘기 새끼 둘을 가져다가
하나는 속죄제물로, 하나는 번제물로 삼아 여덟째 날에 그 결례를
위하여 그것들을 회막 문 여호와 앞 제사장에게로 가져갈 것이요
제사장은 속건제의 어린 양과 기름 한 록을 가져다가 여호와 앞에
흔들어 요제를 삼고 속건제의 어린 양을 잡아서 제사장은 그 속건
제물의 피를 가져다가 정결함을 받을 자의 오른쪽 귓부리와 오른
쪽 엄지 손가락과 오른쪽 엄지 발가락에 바를 것이요 제사장은 그
기름을 자기 왼쪽 손바닥에 따르고 오른쪽 손가락으로 왼쪽 손의
기름을 조금 찍어 여호와 앞에 일곱 번 뿌릴 것이요 그 손의 기름
은 제사장이 정결함을 받을 자의 오른쪽 귓부리와 오른쪽 엄지 손
가락과 오른쪽 엄지 발가락 곧 속건제물의 피를 바른 곳에 바를
것이며 또 그 손에 남은 기름은 제사장이 그 정결함을 받는 자의

머리에 발라 여호와 앞에서 그를 위하여 속죄할 것이며 그는 힘이 미치는 대로 산비둘기 한 마리나 집비둘기 새끼 한 마리를 드리되 곧 그의 힘이 미치는 대로 한 마리는 속죄제로, 한 마리는 소제와 함께 번제로 드릴 것이요 제사장은 정결함을 받을 자를 위하여 여호와 앞에 속죄할지니 나병 환자로서 그 정결예식에 그의 힘이 미치지 못한 자의 규례가 그러하니라

기도 요점

여호와께서 모세에게 말씀하여 이르신 문둥병자의 정결예식에 있어서 가난한 자의 정결예물 및 정결의례를 찬찬히 살펴보십시오.

도움의 말

여호와께서 모세에게 말씀하여 이르시되 만일 그가 가난하여 그의 힘이 미치지 못하면 그의 힘대로 정결의례를 여호와께 드릴 수 있게 하라 말씀하십니다. 그는 흔들어 자기를 속죄할 속건제를 위하여 어린 숫양 한 마리와 소제를 위하여 고운 가루 십분의 일 에바에 기름 섞은 것과 기름 한 록을 취하라 이르십니다. 하나님께 속죄제의 제물이나 번제의 제물을 소나 양, 염소 등을 바칠 수 없는 치유 받은 그 문둥병자는 그의 힘이 미치는 대로 산비둘기 둘이나 집비둘기 새끼 둘을 가져다가 하나는 속죄제물로, 하나는 번

제물로 삼아 여덟째 날에 그 결례를 위하여 그것들을 회막 문 여호와 앞 제사장에게로 가져 가라 이르십니다. 여기서 결례란 부정한 그를 정결하게 하기 위하여 느리는 제사의식을 지칭합니다. 속건제물은 가난한 사람이나 부유한 사람이나 똑같이 어린 수양만을 여호와께 드려야했습니다. 그 까닭은 속건제는 문둥병자가 선민으로서 하나님과 맺을 계약에 따라 완전한 원상복귀를 위한 위임제로 드리는 제사였기 때문입니다. 그리하여 제사장은 속건제의 어린 양과 기름 한 록을 가져다가 여호와 앞에 흔들어 요제를 삼고 속건제의 어린 양을 잡아서 제사장은 그 속건제물의 피를 가져다가 정결함을 받을 자의 오른쪽 귓부리와 오른쪽 엄지 손가락과 오른쪽 엄지 발가락에 바르라 이르십니다. 제사장은 그 기름을 자기 왼쪽 손바닥에 따르고 오른쪽 손가락으로 왼쪽 손의 기름을 조금 찍어 여호와 앞에 일곱 번 뿌리며, 그 손의 기름은 제사장이 정결함을 받을 자의 오른쪽 귓부리와 오른쪽 엄지 손가락과 오른쪽 엄지 발가락 곧 속건제물의 피를 바른 곳에 바르라 하십니다. 또 그 손에 남은 기름은 제사장이 그 정결함을 받는 자의 머리에 발라 여호와 앞에서 그를 위하여 속죄할 것인데, 그는 힘이 미치는 대로 산비둘기 한 마리나 집비둘기 새끼 한 마리를 드립니다. 곧 그의 힘이 미치는 대로 한 마리는 속죄제로, 한 마리는 소제와 함께 번제로 드릴 것이며, 제사장은 정결함을 받을 자를 위하여 여호와 앞에 속죄하라 명하십니다. 여호와께서 모세에게 나병 환자로서 그 정결예식에 그의 힘이 미치지 못한 자의 규례가 그러하니라 말씀하십니다.

69

집에 발생한 문둥병에 관한 규례

레위기 14 : 33-42

여호와께서 모세와 아론에게 말씀하여 이르시되 내가 네게 기업으로 주는 가나안 땅에 너희가 이를 때에 너희 기업의 땅에서 어떤 집에 나병 색점을 발생하게 하거든 그 집 주인은 제사장에게 가서 말하여 알리기를 무슨 색점이 집에 생겼다 할 것이요 제사장은 그 색점을 살펴보러 가기 전에 그 집안에 있는 모든 것이 부정을 면하게 하기 위하여 그 집을 비우도록 명령한 후에 들어가서 그 집을 볼지니 그 색점을 볼 때에 그 집 벽에 푸르거나 붉은 무늬의 색점이 있어 벽보다 우묵하면 제사장은 그 집 문으로 나와 그 집을 이레 동안 폐쇄하였다가 이레 만에 또 가서 살펴볼 것이요 그 색점이 벽에 퍼졌으면 그는 명령하여 색점 있는 돌을 빼내어 성 밖 부정한 곳에 버리게 하고 또 집 안 사방을 긁게 하고 그 긁은 흙을 성 밖 부정한 곳에 쏟아버리게 할 것이요 그들은 다른 돌로 그 돌을 대신하며 다른 흙으로 집에 바를지니라

기도 요점

여호와께서 모세와 아론에게 말씀하여 이르신 집에 발생한 문둥병에 관한 규례를 찬찬히 살펴보십시오.

도움의 말

여호와께서 모세와 아론에게 내가 네게 기업으로 주는 가나안 땅에 너희가 이를 때에 너희 기업의 땅에서 어떤 집에 나병 색점을 발생하게 될 때의 규례를 말씀하여 이르십니다. 이 규례는 이스라엘 백성들이 광야에서 장막생활을 했을 때 주신 것이므로 이는 그들이 장차 가나안 땅을 정복하고 그곳에 정착하여 사는 집에 문둥병이 생길 것을 대비하여 주신 규례입니다. 여기서 이 땅을 기업의 땅이라 하는데, 이는 하나님께서 이스라엘 선조들에게 약속하신 가나안 땅입니다. 이 땅은 하나님께서 언약의 백성 이스라엘을 위하여 기업으로 주신 상속의 땅이며, 특별히 성별하신 거룩한 약속의 땅입니다. 이 땅에 살면서 집에 나병 색점이 생긴 그 집 주인은 제사장에게 가서 말하여 알리기를 무슨 색점이 집에 생겼다 하라 이르십니다. 당시 팔레스틴 지역에서 이 같은 곰팡이 류에 의한 부식은 흔히 발생하는 풍토병이었다 합니다. 그러나 자기 집에 이 같은 나병 색점이 생기면 제사장에게 보고 하고, 이 보고를 받은 제사장은 그 색점을 살펴 보러 그 집에 가기 전에 그 집안에 있는 모든 것이 부정을 면하게 하기 위하여 그 집을 비우도록 명령합니다. 그 후에 들어가서 그 집을 보는데, 제사장이 그 색점을 볼 때에 그 집 벽에 푸르거나 붉은 무늬의 색점이 있어 벽보다 우묵하면 제사장은 그 집 문으로 나와 그 집을 이레 동안 폐쇄하라 이르십니다. 이는 곰팡이 부식의 확산여부를 파악하기 위한 것입니다. 이레 만에 제사장이 또 가서 살펴볼 것인데, 그 색점이 벽에 퍼졌을 경우 그는 세 단계의 명령을 합니다. 첫 번째는 색점 있는 돌을 빼내어 성 밖 부정한 곳에 버리게 합니다. 두 번째는 또 집 안 사방을 긁게 하고 그 긁은 흙을 성 밖 부정한 곳에 쏟아버리게 합니다. 세 번째는 그들은 다른 돌로 그 돌을 대신하며 다른 흙으로 집에 바르게 합니다.

70

집에 곰팡이 균이 재발되어 퍼질 때의 규례

레위기 14 : 43-47

돌을 빼내며 집을 긁고 고쳐 바른 후에 색점이 집에 재발하면 제사장은 또 가서 살펴볼 것이요 그 색점이 만일 집에 퍼졌으면 악성 나병인즉 이는 부정하니 그는 그 집을 헐고 돌과 그 재목과 그 집의 모든 흙을 성 밖 부정한 곳으로 내어 갈 것이며 그 집을 폐쇄한 날 동안에 들어가는 자는 저녁까지 부정할 것이요 그 집에서 자는 자는 그의 옷을 빨 것이요 그 집에서 먹는 자도 그의 옷을 빨 것이니라

기도 요점

여호와께서 모세와 아론에게 말씀하여 이르신 집에 곰팡이 균이 재발되어 퍼질 때의 규례를 찬찬히 살펴보십시오.

도움의 말

여호와께서 모세와 아론에게 말씀하여 이르시되 집의 색점 있는

돌을 빼낼 뿐만 아니라 집을 긁고 고쳐 바른 후에도 색점이 집에 재발하면 제사장은 또 그 집에 가서 살펴보라 하십니다. 그 색점이 만일 집에 퍼졌으면 악성 나병인즉 이는 부정하다 이르십니다. 이같이 가옥에 생기는 곰팡이 균을 사람에게 생기는 나병 균과 동일하게 다루는 것은 그 균의 퍼지는 속성 때문이라 합니다. 다시 집에 그 색점이 생길 경우, 여호와께서 모세와 아론을 통하여 세 가지를 명하십니다. 첫째는 제사장은 그 집을 헐라 명하십니다. 둘째는 그 집의 돌과 그 재목과 그 집의 모든 흙을 성 밖 부정한 곳으로 내어 가라 명하십니다. 셋째는 그 집을 폐쇄한 날 칠일 동안에 들어가는 자는 저녁까지 부정하다 이르십니다. 그러므로 그 기간에 그 집에서 자는 자는 그의 옷을 빨 것이며, 또한 그 집에서 먹는 자도 그의 옷을 빨라 명하십니다.

71

문둥병으로부터 깨끗하게 된
집을 위한 정결 의식

레위기 14 : 48-53

그 집을 고쳐 바른 후에 제사장이 들어가 살펴보아서 색점이 집에 퍼지지 아니하였으면 이는 색점이 나은 것이니 제사장은 그 집을 정하다 하고 그는 그 집을 정결하게 하기 위하여 새 두 마리와 백향목과 홍색 실과 우슬초를 가져다가 그 새 하나를 흐르는 물 위 질그릇 안에서 잡고 백향목과 우슬초와 홍색 실과 살아 있는 새를 가져다가 잡은 새의 피와 흐르는 물을 찍어 그 집에 일곱 번 뿌릴 것이요 그는 새의 피와 흐르는 물과 살아 있는 새와 백향목과 우슬초와 홍색 실로 집을 정결하게 하고 그 살아 있는 새는 성 밖 들에 놓아 주고 그 집을 위하여 속죄할 것이라 그러면 정결하리라

기도 요점

여호와께서 모세와 아론에게 말씀하여 이르신 문둥병으로부터 깨끗하게 된 집의 정결의식을 찬찬히 살펴보십시오.

도움의 말

여호와께서 모세와 아론에게 말씀하여 이르시되 그 집을 고쳐 바른 후에 제사장이 들어가 살펴보라 하십니다. 살펴 본 결과, 색점이 집에 퍼지지 아니하였으면 이는 색점이 나은 것이니 제사장은 그 집을 정하다 하라 명하십니다. 그 집의정결 의식을 위하여 필요한 준비물은 새 두 마리와 백향목과 홍색실과 우슬초 및 질그릇에 담긴 신선한 물입니다. 제사장은 새 두 마리 중 하나를 흐르는 물 위 질그릇 안에서 잡습니다. 그리고 백향목과 우슬초와 홍색실과 살아 있는 새를 가져다가 잡은 새의 피와 흐르는 물을 찍어 그 집에 일곱 번 뿌립니다. 그는 새의 피와 흐르는 물과 살아 있는 새와 백향목과 우슬초와 홍색 실로 집을 정결하게 합니다. 그리고 그 살아 있는 새는 성 밖 들에 놓아 주고 그 집을 위하여 속죄할 것이라 그러면 정결하리라 이르십니다. 이같은 집의 정결예식은 하나님께서 통치하시는 거룩한 땅에 있는 언약백성의 가옥의 정결을 위해서입니다.

72

문둥병 규정의 총괄

레위기 14 : 54-57

이는 각종 나병 환부에 대한 규례니 곧 옴과 의복과 가옥의 나병과 돋는 것과 뾰루지와 색점이 어느 때는 부정하고 어느 때는 정함을 가르치는 것이니 나병의 규례가 이러하니라

기도 요점

여호와께서 모세와 아론에게 말씀하여 이르신 각종 나병 환부에 대한 진단법과 정결법의 목적은?

도움의 말

여호와께서 모세와 아론에게 말씀하시되 이는 레위기 13장과 14장에 걸쳐 이르신 각종 나병 환부에 대한 규례라 하십니다. 즉 그 병의 진단법과 정결법 등을 총 마감하는 결론말씀입니다. 여기서는 옴과 의복과 가옥의 나병과 돋는 것과 뾰루지와 색점이 어느 때는 부정하고 어느 때는 정한지를 가르치는 나병 규례가 다워집니다. 이 병의 규정의 총괄은 병 자체의 진단과 더불어 병을 제거

시키는 의식적 정결의식을 통하여 거룩한 상태로 나아가게 하는
데 그 목적이 있습니다.

_____

_____

_____

_____

_____

73

유출병으로 인한 부정규례와
그 정결 의식

레위기 15 : 1-15

여호와께서 모세와 아론에게 말씀하여 이르시되 이스라엘 자손에게 말하여 이르라 누구든지 그의 몸에 유출병이 있으면 그 유출병으로 말미암아 부정한 자라 그의 유출병으로 말미암아 부정함이 이러하니 곧 그의 몸에서 흘러 나오든지 그의 몸에서 흘러 나오는 것이 막혔든지 부정한즉 유출병 있는 자가 눕는 침상은 다 부정하고 그가 앉았던 자리도 다 부정하니 그의 침상에 접촉하는 자는 그의 옷을 빨고 물로 몸을 씻을 것이며 저녁까지 부정하리라 유출병이 있는 자가 앉았던 자리에 앉는 자는 그의 옷을 빨고 물로 씻을 것이요 저녁까지 부정하리라 유출병이 있는 자의 몸에 접촉하는 자는 그의 옷을 빨고 물로 몸을 씻을 것이며 저녁까지 부정하리라 유출병이 있는 자가 정한 자에게 침을 뱉으면 정한 자는 그의 옷을 빨고 물로 몸을 씻을 것이며 저녁까지 부정하리라 유출병이 있는 자가 탔던 안장은 다 부정하며 그의 몸 아래에 닿았던 것에 접촉한 자는 다 저녁까지 부정하며 그런 것을 옮기는 자는 그의 옷을 빨고 물로 몸을 씻을 것이며 저녁까지 부정하리라 유출병이 있는 자가 물로 그의 손을 씻지 아니하고 아무든지 만지면 그 자는 그의 옷을 빨고 물로 몸을 씻을 것이며 저녁까지 부정하리라 유출병이 있는 자가 만진 질그릇은 깨뜨리고 나무 그릇은 다 물로 씻을지니 유출병이 있는 자는 그의 유출이 깨끗해지거든 그가 정결하게 되기 위하여 이레를 센 후에 옷을 빨고 흐르는 물에 그의 몸을 씻을 것이라 그러면 그가 정하리니 여덟째 날에 산비둘기 두 마리나 집비둘기 새끼 두 마리를 자기를 위하여 가져다가 회막 문 여호와 앞으로 가서 제사장에게 줄 것이요 제사장은 그 한 마리는 속죄제로, 다른 한 마리는 번제로 드려 그의 유출병으로 말미암아 여호와 앞에서 속죄할지니라

기도 요점

여호와께서 모세와 아론에게 말씀하여 이르신 유출병으로 말미암은 부정규례와 정결의식을 찬찬히 살펴보십시오.

도움의 말

여호와께서 모세와 아론에게 말씀하여 이르시되 이스라엘 자손에게 말하여 이르라 누구든지 그의 몸에 유출병이 있으면 그 유출병으로 말미암아 부정한 자라 하십니다. 유출병은 체액이 몸 밖으로 흘러나오는 것인데, 이는 임질 같은 병일 수 있습니다. 여호

와께서 이르시기를 그의 유출병으로 말미암아 부정함이 이러하니 곧 그의 몸에서 흘러나오든지 그의 몸에서 흘러나오는 것이 막혔든지 다 부정하다 하십니다. 그런즉 유출병 있는 자가 눕는 침상은 다 부정하고 그가 앉았던 자리도 다 부정합니다. 그렇기 때문에 그의 침상에 접촉하는 자는 그의 옷을 빨고 물로 몸을 씻을 것이며 저녁까지 부정하리라 이르십니다. 유출병이 있는 자가 앉았던 자리에 앉는 자는 그의 옷을 빨고 물로 씻을 것이요 저녁까지 부정하리라 이르십니다. 유출병이 있는 자의 몸에 접촉하는 자는 그의 옷을 빨고 물로 몸을 씻을 것이며 저녁까지 부정하리라 이르십니다. 유출병이 있는 자가 정한 자에게 침을 뱉으면 정한 자는 그의 옷을 빨고 물로 몸을 씻을 것이며 저녁까지 부정하리라 이르십니다. 유출병이 있는 자가 탔던 안장은 다 부정하며 그의 몸 아래에 닿았던 것에 접촉한 자는 다 저녁까지 부정합니다. 그런 것을 옮기는 자는 그의 옷을 빨고 물로 몸을 씻을 것이며 저녁까지 부정하리라 이르십니다. 유출병이 있는 자가 물로 그의 손을 씻지 아니하고 아무든지 만지면 그 자는 그의 옷을 빨고 물로 몸을 씻을 것이며 저녁까지 부정하리라 이르십니다. 유출병이 있는 자가 만진 질그릇은 깨뜨리고 나무 그릇은 다 물로 씻으라 이르십니다. 유출병이 있는 자는 그의 유출이 깨끗해지거든 그가 정결하게 되기 위하여 이레를 센 후에 옷을 빨고 흐르는 물에 그의 몸을 씻을 것이라 그러면 그가 정하다 이르십니다. 여덟째 날에 정하게 된 그는 산비둘기 두 마리나 집비둘기 새끼 두 마리를 자기를 위하여 가져다가 회막 문 여호와 앞으로 가서 제사장에게 주라 이르십니다. 그러면 제사장은 그 한 마리는 속죄제로, 다른 한 마리는 번제로 드려 그의 유출병으로 말미암아 여호와 앞에서 속죄 할지라 이르십니다.

74

설정으로 인한 부정

레위기 15 : 16-18

설정한 자는 전신을 물로 씻을 것이며 저녁까지 부정하리라 정수가 묻은 모든 옷과 가죽은 물에 빨 것이며 저녁까지 부정하리라 남녀가 동침하여 설정하였거든 둘 다 물로 몸을 씻을 것이며 저녁까지 부정하리라

기도 요점

여호와께서 모세와 아론에게 말씀하여 이르신 설정으로 인한 부정에 관한 규례를 찬찬히 살펴보십시오.

도움의 말

여호와께서 모세와 아론에게 설정으로 인한 부정에 관하여 세 가지를 말씀하여 이르십니다. 첫째, 설정한 자는 전신을 물로 씻을 것이며 저녁까지 부정하리라 이르십니다. 여기서 설정한 자란 남자가 무의식 중에 혹은 몽정으로 정액을 분비한 것을 뜻합니다.

둘째, 정수가 묻은 모든 옷과 가죽은 물에 빨 것이며 저녁까지 부정하리라 이르십니다. 셋째 남녀가 동침하여 설정하였거든 둘 다 물로 몸을 씻을 것이며 서녁까지 부정하리라 이르십니다.

75
월경으로 인한 부정규례

레위기 15 : 19-24

어떤 여인이 유출을 하되 그의 몸에 그의 유출이 피이면 이레 동안 불결하니 그를 만지는 자마다 저녁까지 부정할 것이요 그가 불결할 동안에는 그가 누웠던 자리도 다 부정하며 그가 앉았던 자리도 다 부정한즉 그의 침상을 만지는 자는 다 그의 옷을 빨고 물로 몸을 씻을 것이요 저녁까지 부정할 것이며 그가 앉은 자리를 만지는 자도 다 그들의 옷을 빨고 물로 몸을 씻을 것이요 저녁까지 부정할 것이며 그의 침상 위에나 그가 앉은 자리 위에 있는 것을 만지는 모든 자도 저녁까지 부정할 것이며 누구든지 이 여인과 동침하여 그의 불결함에 전염되면 이레 동안 부정할 것이라 그가 눕는 침상은 다 부정하니라

기도 요점

여호와께서 모세와 아론에게 말씀하여 이르신 월경으로 인한 부정규례를 찬찬히 살펴보십시오.

도움의 말

여호와께서 모세와 아론에게 말씀하여 이르시되 어떤 여인이 유출을 하되 그의 몸의 유출이 피이면 이레 동안 불결하다 하십니다. 이는 질병으로 인한 피나 점액의 유출이 아니라 여자의 월경을 의미합니다. 여호와께서 월경으로 인한 부정규례 다섯 가지를 이르십니다. 첫째는 그를 만지는 자마다 저녁까지 부정할 것이라 이르십니다. 둘째는 그가 불결할 동안에는 그가 누웠던 자리도 다 부정하며 그가 앉았던 자리도 다 부정하다 이르십니다. 그런즉 그의 침상을 만지는 자는 다 그의 옷을 빨고 물로 몸을 씻을 것이요 저녁까지 부정할 것이라 이르십니다. 셋째는 그가 앉은 자리를 만지는 자도 다 그들의 옷을 빨고 물로 몸을 씻을 것이요 저녁까지 부정할 것이라 이르십니다. 넷째는 그의 침상 위에나 그가 앉은 자리 위에 있는 것을 만지는 모든 자도 저녁까지 부정할 것이라 이르십니다. 다섯째는 누구든지 이 여인과 동침하여 그의 불결함에 전염되면 이레 동안 부정할 것이며 또한 그가 눕는 침상은 다 부정하다 이르십니다.

76
하혈로 인한 부정규례

레위기 15 : 25-30

만일 여인의 피의 유출이 그의 불결기가 아닌데도 여러 날이 간다든지 그 유출이 그의 불결기를 지나도 계속되면 그 부정을 유출하는 모든 날 동안은 그 불결한 때와 같이 부정한즉 그의 유출이 있는 모든 날 동안에 그가 눕는 침상은 그에게 불결한 때의 침상과 같고 그가 앉는 모든 자리도 부정함이 불결한 때의 부정과 같으니 그것들을 만지는 자는 다 부정한즉 그의 옷을 빨고 물로 몸을 씻을 것이며 저녁까지 부정할 것이요 그의 유출이 그치면 이레를 센 후에야 정하리니 그는 여덟째 날에 산비둘기 두 마리나 집비둘기 새끼 두 마리를 자기를 위하여 가져다가 회막 문 앞 제사장에게로 가져갈 것이요 제사장은 그 한 마리는 속죄제로, 다른 한 마리는 번제로 드려 유출로 부정한 여인을 위하여 여호와 앞에서 속죄할 지니라

기도 요점

여호와께서 모세와 아론에게 말씀하여 이르신 여인의 하열에 관한

부정규례와 정결의식을 찬찬히 살펴보십시오.

도움의 말

여호와께서 모세와 아론에게 말씀하여 이르시되 만일 여인의 피의 유출이 그의 불결기가 아닌데도 여러 날이 간다면, 그 부정을 유출하는 모든 날 동안은 그 불결한 때와 같이 부정하다 하십니다. 여기서 불결기란 월경으로 인해 부정한 자로 간주되는 7일 동안을 가리킵니다. 그런데 불결기가 아닌데도 여인의 피의 유출이 여러 날 가면 이는 혈루증으로서 월경 때처럼 그 전 기간 동안 부정한 것으로 간주됩니다. 또한 그 유출이 그의 불결기를 지나도 계속되면 그 부정을 유출하는 모든 날 동안은 그 불결한 때와 같이 부정하다 이르십니다. 그런즉 그의 유출이 있는 모든 날 동안에 그가 눕는 침상은 그에게 불결한 때의 침상과 같고 그가 앉는 모든 자리도 부정함이 불결한 때의 부정과 같으니 그것들을 만지는 자는 다 부정하다 이르십니다. 그러한즉 그의 옷을 빨고 물로 몸을 씻을 것이며 저녁까지 부정할 것이라 이르십니다. 그의 유출이 그치면 이레를 센 후에야 정하리니 그는 여덟째 날에 산비둘기 두 마리나 집비둘기 새끼 두 마리를 자기를 위하여 가져다가 회막문 앞 제사장에게로 가져가라 이르십니다. 이를 받은 제사장은 그 한 마리는 속죄제로, 다른 한 마리는 번제로 드려 유출로 부정한 여인을 위하여 여호와 앞에서 속죄하라 명하십니다.

77

제반 부정규례의 목적

레위기 15 : 31-33

너희는 이와 같이 이스라엘 자손이 그들의 부정에서 떠나게 하여 그들 가운데에 있는 내 성막을 그들이 더럽히고 그들이 부정한 중에서 죽지 않도록 할지니라 이 규례는 유출병이 있는 자와 설정함으로 부정하게 된 자와 불결기의 앓는 여인과 유출병이 있는 남녀와 그리고 불결한 여인과 동침한 자에 대한 것이니라

기도 요점

여호와께서 모세와 아론에게 말씀하여 이르신 제반 부정규례의 목적은?

도움의 말

여호와께서 모세와 아론에게 말씀하여 이르시되 너희는 이와 같이 이스라엘 자손이 그들의 부정에서 떠나게 하도록 하라 명하십니다. 여호와께서 이스라엘에게 이와 같은 모든 정결규례를 이르신 목적은 그들이 이 규례들을 지킴으로 모든 부정한 것으로부터

완전히 분리되어 성결한 삶을 살게 하는 데 있습니다. 또한 그들 가운데에 있는 여호와의 성막을 그들이 더럽히고 그들이 부정한 중에서 죽지 않도록 하는 데 있습니다. 15장의 규례는 유출병이 있는 자와 설정함으로 부정하게 된 자와 불결기의 앓는 여인과 유출병이 있는 남녀와 그리고 불결한 여인과 동침한 자에 대한 것입니다. 이는 15장의 총결론 부분으로 성적부정의 종류를 요약하고 있습니다.

78

속죄소 앞에 아무 때나 들어오지 말라 이르라

레위기 16 : 1-2

아론의 두 아들이 여호와 앞에 나아가다가 죽은 후에 여호와께서 모세에게 말씀하시니라 여호와께서 모세에게 이르시되 네 형 아론에게 이르라 성소의 휘장 안 법궤 위 속죄소 앞에 아무 때나 들어오지 말라 그리하여 죽지 않도록 하라 이는 내가 구름 가운데에서 속죄소 위에 나타남이니라

기도 요점

여호와께서 아론의 두 아들이 여호와 앞에 나아가다가 죽은 후에 모세에게 말씀하시기를 네 형 아론에게 성소의 휘장 안 법궤 위 속죄소 앞에 아무 때나 들어오지 말라 이르라 그리하여 죽지 않도록 하라 이는 내가 구름 가운데에서 속죄소 위에 나타남이라 하시는 말씀을 찬찬히 읽으면서 그 의미를 살펴보십시오.

도움의 말

아론의 두 아들이 여호와 앞에 나아가다가 죽은 후에 여호와께서

모세에게 말씀하십니다. 레위기 10장 1-2절에 보면, 아론의 두 아들, 나답과 아비후는 각기 향로를 가져다가 여호와께서 명령하시지 아니하신 다른 불을 담아 여호와 앞에 분향하였더니 불이 여호와 앞에서 나와 그들을 삼키므로 그들이 여호와 앞에서 죽습니다. 이에 여호와께서 모세에게 이르시되 네 형 아론에게 성소의 휘장 안 법궤 위 속죄소 앞에 아무 때나 들어오지 말라 이르라 하십니다. 히브리서 9장 1-5절에 보면, 첫 언약에도 섬기는 예법과 세상에 속한 성소가 있습니다. 예비한 첫 장막이 있으며 그 안에 등잔대와 상과 진설병이 있는데, 이는 성소라 일컫습니다. 이 성소는 휘장으로 하나님께서 임재 하여 계시는 지성소와 분리되어 있습니다. 이 휘장 뒤에 있는 장막을 지성소라 일컫는데, 이곳에는 금향로와 사면을 금으로 싼 언약궤가 있고, 그 안에 만나를 담은 금 항아리와 아론의 싹난 지팡이와 언약의 돌 판들이 있고, 그 위에 속죄소를 덮는 영광의 그룹들이 있습니다. 그러므로 성소의 휘장 안 법궤 위 속죄소 앞에 대제사장인 아론이 아무 때나 들어갈 수 없습니다. 이곳에는 일 년 한 번 대속죄 일에 대제사장이 속죄제를 드리기 위하여 들어갈 뿐입니다. 대제사장도 정한 기일에 정한 규례를 따라 이곳에 들어가야만 죽음을 면할 수 있습니다. 그렇기 때문에 여호와께서 모세에게 네 형 아론에게 아무 때나 성소의 휘장 안 법궤 위 속죄소 앞에 들어오지 말라 그리하여 죽지 않도록 하라 명하신 것입니다. 이는 여호와께서 구름 가운데에서 속죄소 위에 나타나심이기 때문입니다. 즉 이는 지성소 안이 여호 와의 영광스러운 임재로 인해 구름이 충만하였다는 것을 뜻합니 다.

79

아론이 성소에 들어오려면

레위기 16 : 3-5

아론이 성소에 들어오려면 수송아지를 속죄제물로 삼고 숫양을 번제물로 삼고 거룩한 세마포 속옷을 입으며 세마포 속바지를 몸에 입고 세마포 띠를 띠며 세마포 관을 쓸지니 이것들은 거룩한 옷이라 물로 그의 몸을 씻고 입을 것이며 이스라엘 자손의 회중에게서 속죄제물로 삼기 위하여 숫염소 두 마리와 번제물로 삼기 위하여 숫양 한 마리를 가져갈지니라

기도 요점

여호와께서 모세에게 말씀하신 바 아론이 성소에 들어오려면 저켜야 되는 규례들과 그 의미를 찬찬히 살펴보십시오.

도움의 말

여호와께서 모세에게 말씀하시되 아론이 성소에 들어오려면 수송아지를 속죄제물로 삼고 숫양을 번제물로 삼으라 하십니다. 아론뿐만 아니라 이후 모든 대제사장이 성소를 지나 지성소에 들어가

려면 대제사장 자신과 그 권속들의 속죄를 위한 희생제물이 필요합니다. 이같이 대제사장이 먼저 자신과 더불어 제사 직무를 맡은 다른 제사장들을 위하여 속죄제와 번제를 드리는데, 이는 두 가지 목적에서입니다. 하나는 제사장이 직무 도중 자신도 모르게 범할 수 있는 모든 죄를 용서받기 위해서입니다. 다른 하나는 용서받은 것에 감사하여 앞으로 더욱 더 헌신을 다짐하기 위해서입니다. 그리고 대제사장은 거룩한 세마포 속옷을 입으며 세마포 속바지를 몸에 입고 세마포 띠를 띠며 세마포 관을 쓰라 명하십니다. 이처럼 대 속죄일에 대제사장은 평소의 화려한 에봇 대신 흰 세마포 옷을 입는데, 이는 하나님의 은혜로 대제사장이 의를 덧입는 것을 뜻하며 또한 하나님 앞에서 순결하게 섬기는 것을 뜻합니다. 이 세마포 옷들은 거룩한 옷이라 물로 그의 몸을 씻고 입으라 하십니다. 또한 이스라엘 전 회중의 속죄를 위하여 그 자손의 회중에게서 속죄 제물로 숫염소 두 마리와 번제물로 숫양 한 마리를 가져가라 이르십니다.

80
아사셀의 염소

레위기 16 : 6-10

아론은 자기를 위한 속죄제의 수송아지를 드리되 자기와 집안을 위하여 속죄하고 또 그 두 염소를 가지고 회막 문 여호와 앞에 두고 두 염소를 위하여 제비 뽑되 한 제비는 여호와를 위하고 한 제비는 아사셀을 위하여 할지며 아론은 여호와를 위하여 제비 뽑은 염소를 속죄제로 드리고 아사셀을 위하여 제비 뽑은 염소는 산 채로 여호와 앞에 두었다가 그것으로 속죄하고 아사셀을 위하여 광야로 보낼지니라

기도 요점

여호와께서 모세에게 말씀하신 아론은 자기를 위한 속죄제의 수송아지를 드리되 자기와 집안을 위하여 속죄하고 또 그 두 염소를 가지고 회막 문 여호와 앞에 두고 두 염소를 위하여 제비 뽑되 한 제비는 여호와를 위하고 한 제비는 아사셀을 위하여 할지며 아론은 여호와를 위하여 제비 뽑은 염소를 속죄제로 드리고 아사셀을 위하여 제비 뽑은 염소는 산 채로 여호와 앞에 두었다가 그것으로 속죄하고 아사셀을 위하여 광야로 보낼지라 이르시는데, 여기서 말하는 대속죄일의

규례는?

도움의 말

여호와께서 모세에게 말씀하시되 아론은 자기를 위한 속죄제의 수송아지를 드리되 자기와 집안을 위하여 속죄하라 하십니다. 여기서 말하는 집안이란 아론의 가족과 함께 일반 제사장들과 그들의 가족 전체를 가리킵니다. 또 그 두 염소를 가지고 번제단 북편에 위치한 희생제물 잡는 곳인 회막 문 여호와 앞에 두는데, 여기서 두 염소는 대속죄일에 전 이스라엘 회중의 속죄를 위해 드려지는 속죄제물입니다. 모세가 시내산에 올라 가 첫 번째 십계명을 받아가지고 내려오는데 금송아지를 만들어 우상숭배하는 이스라엘 백성들을 보고 그 십계명 돌판을 산 아래로 던져 깨뜨리게 되어 두 번째로 모세가 하나님으로부터 십계명을 받아 기지고 내려온 날이 성력으로 7월 10일인데, 이 날이 바로 대속죄일입니다. 이 두 염소를 위하여 제비 뽑는데, 그 중 한 제비는 여호와를 위하여 라고 쓰여 있고, 다른 한 제비는 아사셀을 위하여 라고 쓰여 있다 합니다. 그리하여 그 머리 위에 여호와를 위하여 라는 제비가 얹힌 염소는 여호와께 속죄제로 드리고, 아사셀을 위하여 라는 제비가 얹힌 염소는 광야로 보냈다 합니다. 아사셀 염소가 광야로 나가는 것은 이스라엘의 모든 죄악이 멀리 제거되는 것을 의미합니다.

81

대제사장을 위한 속죄제

레위기 16 : 11-14

아론은 자기를 위한 속죄제의 수송아지를 드리되 자기와 집안을 위하여 속죄하고 자기를 위한 그 속죄제 수송아지를 잡고 향로를 가져다가 여호와 앞 제단 위에서 피운 불을 그것에 채우고 또 곱게 간 향기로운 향을 두 손에 채워 가지고 휘장 안에 들어가서 여호와 앞에서 분향하여 향연으로 증거궤 위 속죄소를 가리게 할지니 그리하면 그가 죽지 아니할 것이며 그는 또 수송아지의 피를 가져다가 손가락으로 속죄소 동쪽에 뿌리고 또 손가락으로 그 피를 속죄소 앞에 일곱 번 뿌릴 것이며

기도 요점

대제사장을 위한 속죄제를 위한 규례를 찬찬히 살펴보면서 그 의미 및 자신을 포함하여 인간의 죄를 대속하시기 위하여 단 한 번 뿌려진 그리스도 예수님의 십자가의 피가 자신에게 주는 의미는?

도움의 말

여호와께서 모세에게 말씀하시되 아론은 자기를 위한 속죄제의 수송아지를 드리되 자기와 집안을 위하여 속죄하라 이르십니다. 아론은 자기를 위한 그 속죄제 수송아지를 잡고 향로를 가져다가 여호와 앞 제단 위에 피운 불을 그것에 채웁니다. 또 곱게 간 향기로운 향을 두 손에 채워 가지고 휘장 안에 들어가서 여호와 앞에서 분향하여 향연으로 증거궤 위 속죄소를 가리게 합니다. 그리하면 그가 죽지 아니할 것입니다. 그는 또 수송아지의 피를 가져다가 손가락으로 속죄소 동쪽에 뿌리고 또 손가락으로 그 피를 속죄소 앞에 일곱 번 뿌립니다. 성막의 입구가 동쪽에 있으므로 속죄소 동쪽은 속죄소 전면 윗쪽을 가리킵니다. 그리고 속죄소 앞은 속죄소에서 성소쪽으로 향한 지성소 바닥입니다. 그러므로 속죄소 전면에 그 피를 뿌리고 또 손가락으로 그 피를 속죄소 앞에 일곱 번 뿌리는 것은 하나님께서 인간의 죄에 대해서는 피를 요구하신다는 것입니다. 또한 이는 오직 피로만 죄인의 속죄가 가능하다는 것을 뜻합니다.

82

백성을 위한 속죄제 규례

레위기 16 : 15-22

또 백성을 위한 속죄제 염소를 잡아 그 피를 가지고 휘장 안에 들어가서 그 수송아지 피로 행함 같이 그 피로 행하여 속죄소 위와 속죄소 앞에 뿌릴지니 곧 이스라엘 자손의 부정과 그들이 범한 모든 죄로 말미암아 지성소를 위하여 속죄하고 또 그들의 부정한 중에 있는 회막을 위하여 그같이 할 것이요 그가 지성소에 속죄하러 들어가서 자기와 그의 집안과 이스라엘 온 회중을 위하여 속죄하고 나오기까지는 누구든지 회막에 있지 못할 것이며 그는 여호와 앞 제단으로 나와서 그것을 위하여 속죄할지니 곧 그 수송아지의 피와 염소의 피를 가져다가 제단 귀퉁이 뿔들에 바르고 또 손가락으로 그 피를 그 위에 일곱 번 뿌려 이스라엘 자손의 부정에서 제단을 성결하게 할 것이요 그 지성소와 회막과 제단을 위하여 속죄하기를 마친 후에 살아 있는 염소를 드리되 아론은 그의 두 손으로 살아 있는 염소의 머리에 안수하여 이스라엘 자손의 모든 불의와 그 범한 모든 죄를 아뢰고 그 죄를 염소의 머리에 두어 미리 정한 사람에게 맡겨 광야로 보낼지니 염소가 그들의 모든 불의를 지

고 접근하기 어려운 땅에 이르거든 그는 그 염소를 광야에 놓을지
니라

기도 요점

여호와께서 모세를 통하여 아론에게 말씀하신 백성을 위한 속죄제
규례를 찬찬히 읽으면서 그 의미를 살펴보십시오.

도움의 말

여호와께서 모세에게 말씀하시되 아론은 또 백성을 위한 속죄제
염소를 잡아 그 피를 가지고 휘장 안에 들어가라 하십니다. 아론
이 그 수송아지 피로 행함 같이 속죄제 염소 피로 행하여 속죄소
위와 속죄소 앞에 뿌리라 하십니다. 이는 곧 이스라엘 자손의 부
정과 그들이 범한 모든 죄로 말미암아 지성소를 위하여 속죄하고
또한 그들의 부정한 중에 있는 회막을 위하여 그같이 하라 이르십
니다. 그가 지성소에 속죄하러 들어가서 자기와 그의 집안과 이스
라엘 온 회중을 위하여 속죄하고 나오기까지는 누구든지 회막에
있지 못합니다. 이는 죄를 속하는 의식은 오로지 중보자만을 통하
여 이루어지는 것을 의미합니다. 그리하여 대제사장은 지성소에
서 제사를 마치고 나와 성막 뜰에 있는 여호와 앞 번제단으로 나
와서 그것을 위하여 속죄하는데, 곧 그 수송아지의 피와 염소의

피를 가져다가 번제단 귀퉁이 뿔들에 바릅니다. 또 그는 손가락으로 그 피를 그 위에 일곱 번 뿌려 이스라엘 자손의 부정에서 제단을 성결하게 합니다. 그 지성소와 회막과 제단을 위하여 속죄하기를 마친 후에 살아 있는 염소를 드립니다. 이는 이스라엘 전 회중의 속죄를 위하여 준비한 두 마리 염소 중 아사셀을 위하여 제비 뽑아 남겨둔 그 염소입니다. 아론은 그의 두 손으로 살아 있는 염소의 머리에 안수하여 이스라엘 자손의 모든 불의와 그 범한 모든 죄를 아뢰고 그 죄를 염소의 머리에 두어 미리 정한 사람에게 맡겨 광야로 보냅니다. 이는 죄의 고백과 함께 병행되어 행해집니다. 이는 또한 대제사장 자신을 포함하여 모든 이스라엘 회중의 죄를 그 염소에게 전가시키는 의식입니다. 염소가 그들의 모든 불의를 지고 접근하기 어려운 땅에 이르면 그는 그 염소를 광야에 놓으라 이르십니다.

82

제사장의 정결의식

레위기 16 : 23-28

아론은 회막에 들어가서 지성소에 들어갈 때에 입었던 세마포 옷을 벗어 거기 두고 거룩한 곳에서 물로 그의 몸을 씻고 자기 옷을 입고 나와서 자기의 번제와 백성의 번제를 드려 자기와 백성을 위하여 속죄하고 속죄제물의 기름을 제단에서 불사를 것이요 염소를 아사셀에게 보낸 자는 그의 옷을 빨고 물로 그의 몸을 씻은 후에 진영에 들어갈 것이며 속죄제 수송아지와 속죄제 염소의 피를 성소로 들여다가 속죄하였은즉 그 가죽과 고기와 똥을 밖으로 내다가 불사를 것이요 불사른 자는 그의 옷을 빨고 물로 그의 몸을 씻은 후에 진영에 들어갈지니라

기도 요점

여호와께서 모세에게 말씀하신 제사장의 정결의식을 찬찬히 읽으면서 그 의미를 살펴보십시오.

도움의 말

아론은 회막에 들어가서 지성소에 들어갑니다. 이는 아사셀 염소를 광야로 보내는 일을 주관한 후, 아론이 다시 성소 뜰로 들어와 지성소에 들어갈 때에 입었던 세마포 옷을 벗어 거기 둡니다. 실제로 이 세마포 옷은 매년 대속죄일에 새로 지어 입었다 합니다. 그리고 거룩한 곳에서 물로 그의 몸을 씻고 자기 옷, 대제사장이 평소 성전에서 봉사할 때 입는 화려한 에봇 옷을 입고 나와서 자기의 번제와 백성의 번제를 드려 자기와 백성을 위하여 속죄합니다. 아론은 또한 속죄제물의 기름, 곧 제사장의 속죄제물인 수송아지와 백성들의 속죄제물인 수 염소에게서 취한 기름을 이미 번제물이 타고 있는 단 위에 올려 불사릅니다. 염소를 아사셀에게 보낸 자는 그의 옷을 빨고 물로 그의 몸을 씻은 후에 여호와께서 임재하여 계신 이스라엘 진영에 들어갑니다. 그 까닭은 속죄제로 바친 염소고기와 광야로 보내진 아사셀을 위한 염소 모두는 이스라엘의 죄악을 대신 짊어진 희생 제물이므로 이것들과 가까인 한 사람들 역시 죄악의 오염으로 더럽혀졌기에 그들은 옷을 빨고 몸을 씻는 정결의식을 행합니다. 그리고 난 후에라야 그들은 이스라엘 진영에 들어갈 수 있습니다. 또한 속죄제 수송아지와 속죄제 염소의 피를 성소로 들여다가 속죄하였은즉 그 가죽과 고기와 똥을 밖으로 내다가 완전히 불사를 것입니다. 또한 이를 불사른 자는 그의 옷을 빨고 물로 그의 몸을 씻은 후에 아스라엘 진영에 들어갈 수 있습니다.

83

영원히 지킬 속죄일 규례

레위기 16 : 29-34

너희는 영원히 이 규례를 지킬지니라 일곱째 달 곧 그 달 십일에 너희는 스스로 괴롭게 하고 아무 일도 하지 말되 본토인이든지 너희 중에 거류하는 거류민이든지 그리하라 이 날에 너희를 위하여 속죄하여 너희를 정결하게 하리니 너희의 모든 죄에서 너희가 여호와 앞에 정결하리라 이는 너희에게 안식일 중의 안식일인즉 너희는 스스로 괴롭게 할지니 영원히 지킬 규례라 기름 부음을 받고 위임되어 자기의 아버지를 대신하여 제사장의 직분을 행하는 제사장은 속죄하되 세마포 옷 곧 거룩한 옷을 입고 지성소를 속죄하며 회막과 제단을 속죄하고 또 제사장들과 백성의 회중을 위하여 속죄할지니 이는 너희가 영원히 지킬 규례라 이스라엘 자손의 모든 죄를 위하여 일 년에 한 번 속죄할 것이니라 아론이 여호와께서 모세에게 명령하신 대로 행하니라

기도 요점

여호와께서 모세를 통하여 아론과 이스라엘 백성들에게 말씀하여 이

르신 영원히 지킬 속죄일의 규례를 읽으면서 찬찬히 그 의미를 살펴보십시오.

도움의 말

여호와께서 모세를 통하여 이스라엘에게 너희는 영원히 이 규례를 지키라 이르십니다. 일곱째 달 곧 그 달 십일에 너희는 스스로 괴롭게 하고 아무 일도 하지 말되 본토인이든지 너희 중에 거류하는 거류민이든지 그리하라 이르십니다. 이 날에 너희를 위하여 속죄하여 너희를 정결하게 하리니 너희의 모든 죄에서 너희가 여호와 앞에 정결하리라 이르십니다. 이는 너희에게 안식일 중의 안식일인즉 너희는 스스로 괴롭게 할지니 영원히 지킬 규례라 이르십니다. 여기서 안식일 중의 안식일이란 특별한 안식일로서 곧 죄를 속죄하는 속죄일에는 모든 이스라엘 백성들이 모두 쉬면서 자신의 허물을 돌아보며 금식하면서 회개하라 이르십니다. 기름 부음을 받고 위임되어 자기의 아버지를 대신하여 제사장의 직분을 행하는 제사장은 속죄하되 세마포 옷 곧 거룩한 옷을 입고 지성소를 속죄하며 회막과 제단을 속죄하고 또 제사장들과 백성의 회중을 위하여 속죄하라 명하십니다. 이는 아론의 뒤를 이어 대제사장이 될 모든 이들도 대속죄일 규례를 그 법도대로 영원히 반드시 지키라는 명령입니다. 또한 이스라엘 자손의 모든 죄를 위하여 일 년

에 한 번 속죄할 것이라 이르십니다. 아론은 여호와께서 모세에게
명령하신 대로 행합니다.

_____

_____

_____

_____

_____

84

식용 짐승을 잡는 규례

레위기 17 : 1-4

여호와께서 모세에게 말씀하여 이르시되 아론과 그의 아들들과 이스라엘의 모든 자손에게 말하여 그들에게 이르기를 여호와의 명령이 이러하시다 하라 이스라엘 집의 모든 사람이 소나 어린 양이나 염소를 진영 안에서 잡든지 진영 밖에서 잡든지 먼저 회막 문으로 끌고 가서 여호와의 성막 앞에서 여호와께 예물로 드리지 아니하는 자는 피 흘린 자로 여길 것이라 그가 피를 흘렸은즉 자기 백성 중에서 끊어지리라

기도 요점

여호와께서 모세에게 말씀하여 이르시되 아론과 그의 아들들과 이스라엘의 모든 자손에게 말하여 이르신 식용짐승 잡는 규례를 찬찬이 읽으면서 그 의미를 살펴보십시오.

도움의 말

여호와께서 모세에게 말씀하여 이르시되 아론과 그의 아들들과

이스라엘의 모든 자손에게 말하여 그들에게 이르기를 여호와의 명령이 이러하시다 하라 명하십니다. 이는 곧 이스라엘 집의 모든 사람이 소나 어린 양이나 염소를 진영 안에서 잡든지 진영 밖에서 잡든지 먼저 회막 문으로 끌고 가서 여호와의 성막 앞에서 여호와께 예물로 드리라 명하십니다. 이는 식용짐승을 여호와의 회막 앞으로 가져와 그 피와 기름으로 먼저 희생제사를 드린 후 나머지 고기를 먹으라 이르신 것입니다. 그렇게 하지 아니하는 자는 피흘린 자로 여길 것이라 이르십니다. 그 짐승의 피, 곧 생명은 하나님께 속한 것이므로 하나님께서 지정하신 장소인 회막 뜰에서 잡도록 명하셨습니다. 그렇기 때문에 회막 뜰이 아닌 곳에서 짐승을 잡는 자는 피를 흘렸은즉 그는 자기 백성 중에서 끊어지리라 이르시는데, 이는 그가 하나님과의 복된 계약관계로부터 분리되는 자가 되는 것을 뜻합니다.

85
식용짐승 잡는 규례 및 제사규례

레위기 17 : 5-9

그런즉 이스라엘 자손이 들에서 잡던 그들의 제물을 회막 문 여호와께로 끌고 가서 제사장에게 주어 화목제로 여호와께 드려야 할 것이요 제사장은 그 피를 회막 문 여호와의 제단에 뿌리고 그 기름을 불살라 여호와께 향기로운 냄새가 되게 할 것이라 그들은 전에 음란하게 섬기던 숫염소에게 다시 제사하지 말 것이니라 이는 그들이 대대로 지킬 영원한 규례니라 너는 또 그들에게 이르라 이스라엘 집 사람이나 혹은 그들 중에 거류하는 거류민이 번제나 제물을 드리되 회막 문으로 가져다가 여호와께 드리지 아니하면 그는 백성 중에서 끊어지리라

기도 요점

여호와께서 모세에게 말씀하여 이르시되 아론과 그의 아들들과 이스라엘의 모든 자손에게 말하여 그들에게 그들의 제물을 회막 문 여호와께로 끌고 가서 제사장에게 주어 화목제로 여호와께 드려야 할 것이요 제사장은 그 피를 회막 문 여호와의 제단에 뿌리고 그 기름을

불살라 여호와께 향기로운 냄새가 되게 할 것이라 명하신 그 제사규례를 찬찬히 읽고 그 의미를 살펴보십시오.

도움의 말

여호와께서 모세에게 말씀하여 이르시되 아론과 그의 아들들과 이스라엘의 모든 자손에게 말하여 그들에게 이르기를 회막 뜰이 아닌 곳에서 짐승을 잡는 자는 피를 흘렸은즉 그는 자기 백성 중에서 끊어지리라 이르십니다. 그런즉 이스라엘 자손이 들에서 잡던 그들의 제물을 회막 문 여호와께로 끌고 가서 제사장에게 주어 화목제로 여호와께 드리라 이르십니다. 여기서 말하는 화목제는 피와 기름만 하나님께 바치고 모든 고기는 그 짐승을 잡은 사람이 다 먹을 수 있는 화목제입니다. 이에 제사장은 그 피를 회막 문 여호와의 제단에 뿌리고 그 기름을 불살라 여호와께 향기로운 냄새가 되게 합니다. 전에 애굽에서 그들은 애굽인을 따라 다산과 풍요의 우상이었던 숫염소를 음란하게 섬겼는데, 다시 그 우상에게 제사하지 말라 이르시면서 이는 그들이 대대로 지킬 영원한 규례라 이르십니다. 여호와께서 모세에게 말씀하시되 또 그들에게 이르라 이스라엘 집 사람이나 혹은 그들 중에 거류하는 거류민이 번제나 제물을 드리되 회막 문으로 가져다가 여호와께 드리지 아니하면 그는 백성 중에서 끊어지리라 이르십니다. 이는 하나님의 모든 언약적 관계와 축복으로부터 소외된다는 말씀입니다.

86

피를 먹지 말아야 되는 까닭은?

레위기 17 : 10-13

이스라엘 집 사람이나 그들 중에 거류하는 거류민 중에 무슨 피든지 먹는 자가 있으면 내가 그 피를 먹는 그 사람에게는 내 얼굴을 대하여 그를 백성 중에서 끊으리니 육체의 생명은 피에 있음이라 내가 이 피를 너희에게 주어 제단에 뿌려 너희의 생명을 위하여 속죄하게 하였나니 생명이 피에 있으므로 피가 죄를 속하느니라 그러므로 내가 이스라엘 자손에게 말하기를 너희 중에 아무도 피를 먹지 말며 너희 중에 거류하는 거류민이라도 피를 먹지 말라 하였나니 모든 이스라엘 자손이나 그들 중에 거류하는 거류민이 먹을 만한 짐승이나 새를 사냥하여 잡거든 그것의 피를 흘리고 흙으로 덮을지니라

기도 요점

여호와께서 모세에게 말씀하여 이르시되 아론과 그의 아들들과 이스라엘의 모든 자손에게 말하여 이스라엘 집 사람이나 그들 중에 거류하는 거류민 중 누구든지 무슨 피든지 먹지 말라 이르시는데, 그 까

닭은?

도움의 말

여호와께서 모세에게 말씀하여 이르시되 아론과 그의 아들들과
이스라엘의 모든 자손에게 말하여 이스라엘 집 사람이나 그들 중
에 거류하는 거류민 중 누구든지 무슨 피든지 먹지 말라 하십니
다. 만약 무슨 피든지 먹는 자가 있으면 내가 그 피를 먹는 그 사
람에게는 내 얼굴을 대하여 그를 백성 중에서 끊으신다 하십니다.
그 이유는 두 가지입니다. 하나는 육체의 생명은 피에 있기 때문
입니다. 다른 하나는 내가 이 피를 너희에게 주어 제단에 뿌려 너
희의 생명을 위하여 속죄하게 하였나니 생명이 피에 있으므로 피
가 죄를 속하는 것이기 때문입니다. 그렇기 때문에 여호와께서 이
스라엘 자손에게 너희 중에 아무도 피를 먹지 말며 너희 중에 거
류하는 거류민이라도 피를 먹지 말라 하신 것입니다. 또한 모든
이스라엘 자손이나 그들 중에 거류하는 거류민이 먹을 만한 짐승
이나 새를 사냥하여 잡거든 그것의 피를 흘리고 흙으로 덮으라 이
르십니다.

87

피에 관한 규례

레위기 17 : 14-16

모든 생물은 그 피가 생명과 일체라 그러므로 내가 이스라엘 자손
에게 이르기를 너희는 어떤 육체의 피든지 먹지 말라 하였나니 모
든 육체의 생명은 그것의 피인즉 그 피를 먹는 모든 자는 끊어지
리라 또 스스로 죽은 것이나 들짐승에게 찢겨 죽은 것을 먹은 모
든 자는 본토인이거나 거류민이거나 그의 옷을 빨고 물로 몸을 씻
을 것이며 저녁까지 부정하고 그 후에는 정하려니와 그가 빨지 아
니하거나 그의 몸을 물로 씻지 아니하면 그가 죄를 담당하리라

기도 요점

여호와께서 모세를 통하여 아론과 그의 아들들과 이스라엘의 모든
자손에게 말씀하시기를 모든 생물은 그 피가 생명과 일체라 이르시
면서 어떤 육체의 피든지 먹지 말라는 말씀을 읽으면서 찬찬히 피에
관한 규례를 살펴보십시오.

도움의 말

여호와께서 모세를 통하여 아론과 그의 아들들과 이스라엘의 모든 자손에게 말씀하시기를 모든 생물은 그 피가 생명과 일체라 이르십니다. 피는 속죄 시 유일 수단으로 생명을 상징하므로 여호와께서 이스라엘 자손에게 이르기를 너희는 어떤 육체의 피든지 먹지 말라 하십니다. 모든 육체의 생명은 그것의 피 이기 때문에 그 피를 먹는 모든 자는 끊어지리라 말씀하십니다. 또 스스로 죽은 것이나 들짐승에게 찢겨 죽은 것을 먹은 모든 자는 본토인이거나 거류민이거나 그의 옷을 빨고 물로 몸을 씻을 것이면 저녁까지 부정하고 그 후에는 정합니다. 이같이 죽은 시체를 부정한 것으로 여기는 까닭은 죽음 자체가 바로 죄의 삯이며 또는 인간의 범죄가 초래한 결과이기 때문입니다. 구약시대 부정을 입은 사람이 이처럼 물로 몸을 씻는 것이 여호와께서 명하신 정결법인데, 이는 범죄한 백성들에게 속죄의 길을 열어주시기 위하여 하나님께서 제정하신 은총의 규례입니다. 그러나 그런데도 불구하고 하나님께서 명하신 그 정결법을 지키지 않고 그가 옷을 빨지 아니하거나 그의 몸을 물로 씻지 아니하면 그가 죄를 담당하리라 이르십니다.

_____

_____

_____

88

내 규례와 법도를 지키라

레위기 18 : 1-5

여호와께서 모세에게 말씀하여 이르시되 너는 이스라엘 자손에게 말하여 이르라 나는 여호와 너희의 하나님이니라 너희는 너희가 거주하던 애굽 땅의 풍속을 따르지 말며 내가 너희를 인도할 가나안 땅의 풍속과 규례도 행하지 말고 너희는 내 법도를 따르며 내 규례를 지켜 그대로 행하라 나는 너희의 하나님 여호와이니라 너희는 내 규례와 법도를 지키라 사람이 이를 행하면 그로 말미암아 살리라 나는 여호와이니라

기도 요점

여호와께서 모세에게 말씀하여 이르시되 너는 이스라엘 자손에게 말하여 이르라 나는 여호와 너희의 하나님이니라 하시면서 그들이 하지 말아야 할 것 두 가지와 해야 할 것 한 가지를 말씀하시는데, 하지 말아야 할 그 두 가지와 해야 할 그 한 가지는 무엇입니까?

도움의 말

여호와께서 모세에게 말씀하여 이르시되 너는 이스라엘 자손에게 나는 여호와 너희의 하나님이니 내 규례와 법도를 지키라고 이르라 하십니다. 이어 다음의 두 가지를 그들에게 하지 말라 이르십니다, 하나는 너희는 너희가 거주하던 애굽 땅의 풍속을 따르지 말라 이르십니다. 다른 하나는 내가 너희를 인도할 가나안 땅의 풍속과 규례도 행하지 말라 이르십니다. 반면 이스라엘 자손에게 그들이 해야 할 것은 여호와께서 이르시기를 나는 너희의 하나님 여호와이니라 너희는 내 법도를 따르며 내 규례를 지켜 그대로 행하라 이르십니다. 여기서 '나는 너희의 하나님 여호와이니라'는 말씀은 여호와는 이스라엘을 자기 백성으로 삼으신 언약의 하나님으로서 언약에 신실하시며, 애굽에서 노예생활을 하는 그들을 건져내셨으며, 또한 젖과 꿀이 흐르는 가나안 땅으로 인도하실 하나님이심을 뜻하는 말씀입니다. 여호와께서 다시 그들에게 너희는 내 규례와 법도를 지키라 명하시면서 사람이 이를 행하면 그로 말미암아 살리라 나는 여호와이니라 말씀하십니다. 여기서 '살리라'는 이 땅의 생명이 길 것이라는 의미보다는 죄와 부패로부터의 구원, 즉 영생을 주시겠다는 축복을 뜻합니다.

89

각종 근친상간 금지규례

레위기 18 : 6-18

각 사람은 자기의 살붙이를 가까이 하여 그의 하체를 범하지 말라
나는 여호와이니라 네 어머니의 하체는 곧 네 아버지의 하체이니
너는 범하지 말라 그는 네 어머니인즉 너는 그의 하체를 범하지 말
지니라 너는 네 아버지의 아내의 하체를 범하지 말라 이는 네 아
버지의 하체니라 너는 네 자매 곧 네 아버지의 딸이나 네 어머니
의 딸이나 집에서나 다른 곳에서 출생하였음을 막론하고 그들의
하체를 범하지 말지니라 네 손녀나 네 외손녀의 하체를 범하지 말
라 이는 네 하체니라 네 아버지의 아내가 네 아버지에게 낳은 딸은
네 누이니 너는 그의 하체를 범하지 말지니라 너는 네 고모의 하체
를 범하지 말라 그는 네 아버지의 살붙이라 너는 네 이모의 하체
를 범하지 말라 그는 네 어머니의 살붙이라 너는 네 아버지 형제
의 아내를 가까이 하여 그의 하체를 범하지 말라 그는 네 숙모니라
너는 네 며느리의 하체를 범하지 말라 그는 네 아들의 아내이니 그
의 하체를 범하지 말지니라 너는 네 형제의 아내의 하체를 범하지
말라 이는 네 형제의 하체니라 너는 여인과 그 여인의 딸의 하체를

아울러 범하지 말며 또 그 여인의 손녀나 외손녀를 아울러 데려다가 그의 하체를 범하지 말라 그들은 그의 살붙이이니 이는 악행이니라 너는 아내가 생존할 동안에 그의 자매를 데려다가 그의 하체를 범하여 그로 질투하게 하지 말지니라

기도 요점

여호와께서 모세에게 말씀하여 이르시되 너는 이스라엘 자손에게 말하여 이르라 각 사람은 자기의 살붙이를 가까이 하여 그의 하체를 범하지 말라 나는 여호와이니라는 말씀과 각종 근친상간 금지에 관한 말씀을 찬찬히 읽으면서 그 규례를 살펴보십시오.

도움의 말

여호와께서 모세에게 말씀하여 이르시되 너는 이스라엘 자손에게 말하여 이르라 각 사람은 자기의 살붙이를 가까이 하여 그의 하체를 범하지 말라 나는 여호와이니라 말씀하십니다. 우선 네 어머니의 하체는 곧 네 아버지의 하체이니 너는 범하지 말라 그는 네 어머니인즉 너는 그의 하체를 범하지 말라 명하십니다. 둘째, 네 아버지의 아내의 하체를 범하지 말라 이는 네 아버지의 하체니라 말씀하십니다. 셋째, 너는 네 자매 곧 네 아버지의 딸이나 네 어머니의 딸이나 집에서나 다른 곳에서 출생하였음을 막론하고 그들의

하체를 범하지 말라 이르십니다. 넷째, 네 손녀나 네 외손녀의 하체를 범하지 말라 이는 네 하체라 이르십니다. 다섯째, 네 아버지의 아내가 네 아버지에게 낳은 딸은 네 누이니 너는 그의 하체를 범하지 말라 이르십니다. 여섯째, 너는 네 고모의 하체를 범하지 말라 그는 네 아버지의 살붙이라 이르십니다. 일곱째, 너는 네 이모의 하체를 범하지 말라 그는 네 어머니의 살붙이라 이르십니다. 여덟째, 너는 네 아버지 형제의 아내를 가까이 하여 그의 하체를 범하지 말라 그는 네 숙모라 이르십니다. 아홉째, 너는 네 며느리의 하체를 범하지 말라 그는 네 아들의 아내이니 그의 하체를 범하지 말라 이르십니다. 열째, 너는 네 형제의 아내의 하체를 범하지 말라 이는 네 형제의 하체라 이르십니다. 열 하나째, 너는 여인과 그 여인의 딸의 하체를 아울러 범하지 말며 또 그 여인의 손녀나 외손녀를 아울러 데려다가 그의 하체를 범하지 말라 이르십니다. 그들은 그의 살붙이이니 이는 악행이라 이르십니다. 열 둘째, 너는 아내가 생존할 동안에 그의 자매를 데려다가 그의 하체를 범하여 그로 질투하게 하지 말라 이르십니다.

90
금지된 각종 가증한 행위

레위기 18 : 19-23

너는 여인이 월경으로 불결한 동안에 그에게 가까이 하여 그의 하체를 범하지 말지니라 너는 네 이웃의 아내와 동침하여 설정하므로 그 여자와 함께 자기를 더럽히지 말지니라 너는 결단코 자녀를 몰렉에게 주어 불로 통과하게 함으로 네 하나님의 이름을 욕되게 하지 말라 나는 여호와이니라 너는 여자와 동침함 같이 남자와 동침하지 말라 이는 가증한 일이니라 너는 짐승과 교합하여 자기를 더럽히지 말며 여자는 짐승 앞에 서서 그것과 교접하지 말라 이는 문란한 일이니라

기도 요점

여호와께서 모세를 통하여 금지된 각종 가증한 행위 다섯 가지를 이스라엘 자손에게 말씀하여 이르신 것을 읽으면서 찬찬히 살펴보십시오.

도움의 말

여호와께서 모세를 통하여 각종 가증한 행위 다섯 가지를 이스라엘 자손에게 말씀하여 이르십니다. 첫째로 너는 여인이 월경으로 불결한 동안에 ㄱ에게 가까이 하여 ㄱ의 하체를 범하지 말라 하십니다. 둘째로 너는 네 이웃의 아내와 동침하여 설정하므로 그 여자와 함께 자기를 더럽히지 말라 이르십니다. 셋째로 너는 결단코 자녀를 몰렉에게 주어 불로 통과하게 함으로 네 하나님의 이름을 욕되게 하지 말라 나는 여호와이니라 말씀하십니다. 이같이 다른 우상들에게 경배와 영광을 받게 하는 것은 이스라엘을 애굽에서 건져내시어 젖과 꿀이 흐르는 가나안 땅으로 인도하실 여호와 하나님을 욕되게 하는 일입니다. 넷째로 너는 여자와 동침함 같이 남자와 동침하지 말라 이는 가증한 일이라 이르십니다. 다섯째로 너는 짐승과 교합하여 자기를 더럽히지 말며 여자는 짐승 앞에 서서 그것과 교접하지 말라 이는 문란한 일이라 이르십니다.

91
선민, 이스라엘의 의무

레위기 18 : 24-30

너희는 이 모든 일로 스스로 더럽히지 말라 내가 너희 앞에서 쫓아내는 족속들이 이 모든 일로 말미암아 더러워졌고 그 땅도 더러워졌으므로 내가 그 악으로 말미암아 벌하고 그 땅도 스스로 그 주민을 토하여 내느니라 그러므로 너희 곧 너희의 동족이나 혹은 너희 중에 거류하는 거류민이나 내 규례와 내 법도를 지키고 이런 가증한 일의 하나라도 행하지 말라 너희 전에 있던 그 땅 주민이 이 모든 가증한 일을 행하였고 그 땅도 더러워졌느니라 너희도 더럽히면 그 땅이 너희가 있기 전 주민을 토함 같이 너희를 토할까 하노라 이 가증한 모든 일을 행하는 자는 그 백성 중에서 끊어지리라 그러므로 너희는 내 명령을 지키고 너희가 들어가기 전에 행하던 가증한 풍속을 하나라도 따름으로 스스로 더럽히지 말라 나는 너희의 하나님 여호와이니라

기도 요점

여호와께서 모세를 통하여 선민 이스라엘에게 이르신 그들의 의무를

찬찬히 읽으면서 살펴보십시오.

도움의 말

여호와께서 모세를 통하여 선민 이스라엘에게 너희는 이 모든 일로 스스로 더럽히지 말라 이르십니다. 여기서 말씀하시는 '이 모든 일'이란 극에 달한 성적 타락과 가증한 우상숭배를 뜻합니다. 여호와께서 이스라엘 앞에서 쫓아내는 족속들이 이 모든 일로 말미암아 더러워졌고 그 땅도 더러워졌으므로 여호와가 그 악으로 말미암아 벌하고 그 땅도 스스로 그 주민을 토하여 내었다 말씀하십니다. 그러므로 이스라엘 곧 너희의 동족이나 혹은 너희 중에 거류하는 거류민이나 내 규례와 내 법도를 지키고 이런 가증한 일의 하나라도 행하지 말라 이르십니다. 너희 전에 있던 그 땅 주민이 이 모든 가증한 일을 행하였고 그 땅도 더러워졌으니 너희도 더럽히면 그 땅이 너희가 있기 전 주민을 토함 같이 너희를 토할까 한다 말씀하십니다. 이는 이스라엘 백성이 이같은 하나님의 경고의 말씀을 듣지 않을 시 이전의 가나안 족속과 같은 처벌을 받을 것임을 선포하시는 말씀입니다. 또한 여호와께서 이스라엘 백성에게 이 가증한 모든 일을 행하는 자는 그 백성 중에서 끊어질 것이라 이르시는데, 이는 이스라엘 공동체로부터의 단절로 인하여 하나님의 계약백성으로서의 지위를 잃는다는 것을 의미합니다. 그렇기 때문에 여호와께서 모세를 통하여 이스라엘 백성에게 너희는 내 명령을 지키고 너희가 들어가기 전에 행하던 가증한 풍속을 하나라도 따름으로써 스스로 더럽히지 말라 이르십니다. 이 말씀과 더불어 여호와께서 그들에게 나는 너희의 하나님 여호와라 말씀하십니다. 이는 여호와는 이스라엘을 자기 백성으로 삼으신 언약의 하나님으로서 언약에 신실하시며 애굽에서 노예생활을 했던 그들을 건져내셨으며, 또한 젖과 꿀이 흐르는 가나안 땅으로 인도하실 하나님이심을 뜻하는 말씀입니다.

92
내가 거룩하니 너희는 거룩하라

레위기 19 : 1-2

여호와께서 모세에게 말씀하여 이르시되 너는 이스라엘 자손의 온 회중에게 말하여 이르라 너희는 거룩하라 이는 나 여호와 너희 하나님이 거룩함이니라

기도 요점

여호와께서 모세에게 말씀하여 이르시되 너는 이스라엘 자손의 온 회중에게 말하여 이르라 너희는 거룩하라 이는 나 여호와 너희 하나님이 거룩함이니라 하시는 말씀을 깊이 묵상하십시오.

도움의 말

19장에서 여호와께서는 선택된 언약 백성으로서의 이스라엘이 지켜야 할 법도와 사회규범에 대한 규례를 모세를 통하여 이르십니다. 우선 여호와께서 모세에게 말씀하여 이르시되 너는 이스라엘 자손의 온 회중에게 말하여 이르라 하신 것은 너희는 거룩하라 이는 나 여호와 너희 하나님이 거룩함 이니라 이르십니다. 여기서

거룩하다는 말씀은 구별되다 또는 분리되다 라는 뜻입니다. 여호와 우리 하나님은 거룩하시므로 죄악된 것과는 본질적으로 분리되신 순결하신 분이십니다. 그러므로 원래 거룩하다는 말씀은 오로지 여호와 하나님에게만 적용됩니다. 그러나 여호와께서 모세를 통하여 하나님과 언약을 맺은 언약백성 역시 죄와 부정과 불의로부터 분리되어 거룩한 백성이 되어야 한다고 이르십니다. 언약백성은 여호와의 영광을 나타내기 위하여 만민 중에서 구별된 거룩한 백성입니다. 그렇기 때문에 구약시대에 모세를 통하여 언약백성인 이스라엘에게 모든 정결법을 주시어 이를 지킴으로 외적 정결에서 내적 및 영적 정결로 승화되도록 하셨습니다. 신약시대에는 예수 그리스도의 속죄사역을 믿는 성도들이 거룩한 자입니다. 이같이 거룩한 자로 구별되었다는 것은 바로 하나님의 특별하신 은총 안으로 들어갔다는 것을 의미하므로 오늘날 우리 성도들 역시 세상과 분리되어 구별된 삶을 통하여 거룩하신 하나님의 백성임을 드러내는 삶을 살도록 요구하십니다.

93
부모경외 및 안식일 지키가

레위기 19 : 3-4

너희 각 사람은 부모를 경외하고 나의 안식일을 지키라 나는 너희의 하나님 여호와이니라 너희는 헛된 것들에게로 향하지 말며 너희를 위하여 신상들을 부어 만들지 말라 나는 너희의 하나님 여호와이니라

기도 요점

여호와께서 모세에게 말씀하여 이르신 부모경외 및 안식일 지키기, 그리고 헛된 것들에게로 향하지 말며, 또한 너희를 위하여 신상들을 부어 만들지 말라 하시면서 나는 너희의 하나님 여호와이니라 말씀하시는데, 그 말씀을 찬찬히 읽으면서 그 의미를 살펴보십시오.

도움의 말

여호와께서 모세에게 말씀하여 이르시되 너는 이스라엘 자손의 온 회중에게 말하여 이르라 하신 것 두 가지가 있습니다. 하나는 너희 각 사람은 부모를 경외하고 나의 안식일을 지키라 나는 너희

의 하나님 여호와이니 라는 말씀입니다. 여호와 하나님의 백성 각 사람에게 하나님께서 부모를 경외하라 하시는데, 이는 하나님께서 직접 명령하신 것이기에 종교적 규범입니다. 그러므로 이 규범은 거룩하신 하나님을 경외하며 섬기는 것과 직접 연관이 됩니다. 여호와께서는 그의 백성 각 사람에게 또한 나의 안식일을 지키라 이르십니다. 안식일은 여호와 하나님께서 6일 동안 천지창조하시고 제 7일째 되는 날에 쉬신 것에 그 기원을 두는 규례입니다. 안식일을 지키는 것은 그 어느 장소와 시대를 초월하여 영속적으로 지켜오는 규례입니다. 그러므로 여호와 하나님의 백성 각 사람은 안식일을 지킴으로 천지를 창조하신 창조주 하나님을 믿고 경배할 뿐만 아니라 또한 여호와께서 우리의 죄를 구속해 주신 구속주 하나님이심을 믿는 사람입니다. 그렇기에 안식일 속에 담긴 의미 즉 창조와 창조의 완성 및 휴식의 의미를 되새기는 뜻 깊은 날이 바로 안식일임을 기억해야 합니다. 다른 하나는 너희는 헛된 것들에게로 향하지 말며 너희를 위하여 신상들을 부어 만들지 말라 나는 너희의 하나님 여호와이니라 이르십니다. 여기서 헛된 것들이란 우상들을 말하는데, 오늘날 헛것이란 우상뿐만 아니라 우리의 신앙생활을 방해하는 것들 모두가 포함되기에 우리의 하나님이신 여호와께서 헛된 것들에게로 향하지 말라 이르신 것입니다. 또한 여호와께서 우리 각 사람에게 우리를 위하여 신상들을 부어 만들지 말라 이르시는데, 이는 숭배의 목적으로 그 어떤 형상들도 만들지 말라는 말씀입니다.

94
화목제물의 처리규정

레위기 19 : 5-8

너희는 화목제물을 여호와께 드릴 때에 기쁘게 받으시도록 드리고 그 제물은 드리는 날과 이튿날에 먹고 셋째 날까지 남았거든 불사르라 셋째 날에 조금이라도 먹으면 가증한 것이 되어 기쁘게 받으심이 되지 못하고 그것을 먹는 자는 여호와의 성물을 더럽힘으로 말미암아 죄를 담당하리니 그가 그의 백성 중에서 끊어지리라

기도 요점

여호와께서 모세에게 말씀하여 이르시되 너는 이스라엘 자손의 온 회중에게 말하여 이르라 하신 화목제물의 처리규정을 찬찬히 읽으면서 그 의미를 살펴보십시오.

도움의 말

여호와께서 모세에게 말씀하여 이르시되 너는 이스라엘 자손의 온 회중에게 말하여 이르라 하시는데, 이는 화목제를 드린 후 그 화목제물을 처리하는 법에 관한 말씀입니다. 화목제는 하나님의

은혜에 감사드릴 때 혹은 서원을 드릴 때 흠 없는 소, 양, 염소 등을 희생제물로 드리는데, 피는 제단에 뿌리며, 그 기름은 태워서 드리는 제사입니다. 화목제물의 처리 규정이 세 가지인데, 첫째는 너희는 화목제물을 여호와께 드릴 때에 기쁘게 받으시도록 드리라 이르십니다. 이는 하나님께서 원하시는 방법대로 하나님을 기쁘시게 하려는 목적으로 화목제물을 드리라는 말씀입니다. 둘째는 그 제물은 드리는 날과 이튿날에 먹고 셋째 날까지 남았거든 불사르라 이르십니다. 셋째는 셋째 날에 조금이라도 먹으면 가증한 것이 되어 기쁘게 받으심이 되지 못하고 그것을 먹는 자는 여호와의 성물을 더럽힘으로 말미암아 죄를 담당하게 됩니다. 그러므로 그것을 먹는 자는 그의 백성 중에서 끊어진다 이르십니다. 여기서 '끊어진다'는 말씀은 처형을 당한다는 뜻이며, 또한 이스라엘 공동체로부터 단절되어 하나님의 언약백성으로서의 지위를 잃는 것을 뜻합니다.

95
가난한 자와 거류민을 위한 규정

레위기 19 : 9-10

너희가 너희의 땅에서 곡식을 거둘 때에 너는 밭 모퉁이까지 다 거두지 말고 네 떨어진 이삭도 줍지 말며 네 포도원의 열매를 다 따지 말며 네 포도원에 떨어진 열매도 줍지 말고 가난한 사람과 거류민을 위하여 버려두라 나는 너희의 하나님 여호와이니라

기도 요점

여호와께서 모세에게 말씀하여 이르시되 너는 이스라엘 자손의 온 회중에게 말하여 이르라 하신 가난한 자와 거류민을 위한 규정을 살펴보십시오.

도움의 말

여호와께서 모세에게 말씀하여 이르시되 너는 이스라엘 자손의 온 회중에게 말하여 가난한 자와 거류민을 위한 규례를 이르라 하십니다. 너희가 너희의 땅에서 곡식을 거둘 때에 너는 밭모퉁이까지 다 거두지 말고 네 떨어진 이삭도 줍지 말라 이르십니다. 또한

네 포도원의 열매를 다 따지 말며, 네 포도원에 떨어진 열매도 줍지 말라 이르십니다. 이는 가난한 사람과 거류민을 위하여 버려두라 이르시면서 나는 너희의 하나님 여호와이니라 말씀하십니다.

_____

_____

_____

_____

_____

96

하나님의 백성으로서
금지해야 될 규정 네 가지

레위기 19 : 11-12

너희는 도둑질하지 말며 속이지 말며 서로 거짓말하지 말며 너희는 내 이름으로 거짓 맹세함으로 네 하나님의 이름을 욕되게 하지 말라 나는 여호와이니라

기도 요점

여호와께서 모세에게 말씀하여 이르시되 너는 이스라엘 자손의 온 회중에게 하지 말아야 할 규정 네 가지를 말하여 이르시는데, 이 규정들을 찬찬히 살펴보십시오.

도움의 말

여호와께서 모세에게 말씀하여 이르시되 너는 이스라엘 자손의 온 회중에게 하지 말아야 할 규정 네 가지를 말하여 이르라 하십니다. 첫째는 너희는 도둑질하지 말라 이르시는데, 이는 십계명 중 제 8계명에 해당되는 규례입니다. 즉 이는 다른 사람의 재산권 침해를 금지하는 규정입니다. 둘째는 속이지 말며, 셋째는 거짓말

하지 말라 이르시는데, 이는 도적질처럼 다른 사람에게 해를 끼쳐 고통스럽게 하지 말라는 규정입니다. 넷째는 너희는 내 이름으로 거짓 맹세함으로 네 하나님의 이름을 욕되게 하지 말라 이르시는데, 이는 거짓 맹세에 대한 금지 규례입니다. 하나님의 이름으로 거짓 맹세를 하는 것은 하나님에 대한 불경죄이므로 이를 하지 말라 이르시면서 나는 여호와이니라 말씀하십니다.

97

경제적 및 신체적 약자에 대한
하나님의 규례

레위기 19 : 13-14

너는 네 이웃을 억압하지 말며 착취하지 말며 품꾼의 삯을 아침
까지 밤새도록 네게 두지 말며 너는 귀먹은 자를 저주하지 말며
맹인 앞에 장애물을 놓지 말고 네 하나님을 경외하라 나는 여호
와이니라

기도 요점

여호와께서 모세에게 말씀하시기를 너는 이스라엘 자손의 온 회중
에게 경제적 및 신체적 약자에 대한 규례를 말하여 이르라 하신 것을
찬찬히 살펴보십시오.

도움의 말

여호와께서 모세에게 말씀하여 이르시되 너는 이스라엘 자손의
온 회중에게 경제적 및 신체적 약자에 대한 규례를 말하여 이르라
하십니다. 경제적 약자와 관련하여 이르시기를 너는 네 이웃을 억
압하지 말며, 착취하지 말며, 품꾼의 삯을 아침까지 밤새도록 네

게 두지 말라 하십니다. 또한 신체적 약자와 관련하여 이르시기를 너는 귀먹은 자를 저주하지 말며, 맹인 앞에 장애물을 놓지 말라 이르십니다. 이같이 신체적 약점을 지닌 사람들을 힘들게 하거나 저주하는 행위는 그들 또한 하나님의 형상으로 창조하신 하나님을 경외하는 것이 아닙니다. 그렇기에 그들에게 장애물을 놓지 말고 네 하나님을 경외하라 나는 여호와이니라 이르십니다.

98
재판 및 이웃에게 도움을 주는 규례

레위기 19 : 15-16

너희는 재판할 때에 불의를 행하지 말며 가난한 자의 편을 들지 말며 세력 있는 자라고 두둔하지 말고 공의로 사람을 재판할지며 너는 네 백성 중에 돌아다니며 사람을 비방하지 말며 네 이웃의 피를 흘려 이익을 도모하지 말라 나는 여호와이니라

기도 요점

여호와께서 모세에게 말씀하여 이르시되 너는 이스라엘 자손의 온 회중에게 재판 이웃에게 도움을 주는 규례를 이르라 하셨는데, 이를 찬찬히 살펴보십시오.

도움의 말

여호와께서 모세에게 말씀하여 이르시되 너는 이스라엘 자손의 온 회중에게 재판과 및 이웃에게 도움을 주는 규례를 말하여 이르라 하십니다. 재판에 관한 규례에서 하지 말아야 할 것은 세 가지입니다. 첫째는 너희는 재판할 때에 불의를 행하지 말라 이르십

니다. 둘째는 가난한 자의 편을 들지 말라 이르십니다. 셋째는 세력 있는 자라고 두둔하지 말라 이르십니다. 여호와께서는 재판할 때 공의로 사람을 재판하라 이르십니다. 그리고 여호와께서 모세를 통하여 이스라엘 자손 온 회중에게 이웃에게 도움이 되지 않는 행위 두 가지를 이르십니다. 하나는 백성 중에 돌아다니며 사람을 비방하는 행위인데, 여호와께서 이런 행위를 하지 말라 이르십니다. 다른 하나는 네 이웃의 피를 흘려 이익을 도모하는 행위인데, 여호와께서 이런 행위를 하지 말라 이르시면서 나는 여호와이니라 말씀하십니다. 이는 다른 사람을 비방 내지 중상모략을 하지 말라는 소극적인 규례라기보다는 적극적으로 이웃에게 도움을 주는 삶을 살아가라는 규례입니다.

98
이웃 사랑에 대한 규례

레위기 19 : 17-18

너는 네 형제를 마음으로 미워하지 말며 네 이웃을 반드시 견책하라 그러면 네가 그에 대하여 죄를 담당하지 아니하리라 원수를 갚지 말며 동포를 원망하지 말며 네 이웃 사랑하기를 네 자신과 같이 사랑하라 나는 여호와이니라

기도 요점

여호와께서 모세에게 말씀하여 이르시되 너는 이스라엘 자손의 온 회중에게 이웃 사랑에 대한 규례를 말하여 이르라 하신 것을 찬찬히 살펴보십시오.

도움의 말

여호와께서 모세에게 말씀하여 이르시되 너는 이스라엘 자손의 온 회중에게 이웃 사랑에 대한 규례를 말하여 이르라 하십니다. 여호와께서 모세를 통하여 우선 너는 네 형제를 마음으로 미워하지 말라 이르십니다. 미워하기보다는 둘째로 네 이웃을 반드시 견

책하라 이르십니다. 그러면 네가 그에 대하여 죄를 담당하지 아니하리라 말씀하십니다. 이는 형제 중 잘못하였을 때, 그 잘못을 사랑 안에서 바로 잡아 주라는 말씀입니다. 그러나 만약 그렇게 하지 않으면, 그 형제의 그 잘못에 대한 책임을 담당하게 되나 말씀하십니다. 셋째로 원수를 갚지 말라 이르십니다. 이는 악을 악으로 갚지 말고 모든 사람에게 선을 행하라는 말씀입니다. 넷째로 동포를 원망하지 말며 네 이웃 사랑하기를 네 자신과 같이 사랑하라 이르시면서 나는 여호와이니라 말씀하십니다.

99
서로 다른 두 종류를 혼합하지 말라

레위기 19 : 19-22

너희는 내 규례를 지킬지어다 네 가축을 다른 종류와 교미시키지 말며 네 밭에 두 종자를 섞어 뿌리지 말며 두 재료로 직조한 옷을 입지 말지며 만일 어떤 사람이 다른 사람과 정혼한 여종 곧 아직 속량되거나 해방되지 못한 여인과 동침하여 설정하면 그것은 책망을 받을 일이니라 그러나 그들은 죽임을 당하지는 아니하리니 그 여인이 해방되지 못하였기 때문이니라 그 남자는 그 속건제물 곧 속건제 숫양을 회막 문 여호와께로 끌고 올 것이요 제사장은 그가 범한 죄를 위하여 그 속건제의 숫양으로 여호와 앞에 속죄할 것이요 그리하면 그가 범한 죄를 사함 받으리라

기도 요점

여호와께서 모세에게 말씀하여 이르시되 너는 이스라엘 자손의 온 회중에게 서로 다른 두 종류를 섞거나 혼합되는 것을 금하라 이르신 규례를 찬찬히 살펴보시고 또한 만일 어떤 사람이 다른 사람과 정혼한 여종 곧 아직 속량되거나 해방되지 못한 여인과 동침하여 설정

한 그가 죽임을 당하지 아니하고 속건제를 드리게 하시는데, 그 까닭은?

도움의 말

여호와께서 모세에게 말씀하여 이르시되 너는 이스라엘 자손의 온 회중에게 내 규례를 지킬지니라 말하여 이르라 하십니다. 이는 곧 네 가지인데, 첫째는 네 가축을 다른 종류와 교미시키지 말라 이르십니다. 둘째는 네 밭에 두 종자를 섞어 뿌리지 말라 이르십니다. 셋째는 두 재료로 직조한 옷을 입지 말라 이르십니다. 이 세 가지의 규례는 서로 다른 두 종류를 썩거나 혼합되는 것을 금합니다. 이는 하나님의 창조법칙에 따른 자연 질서 및 순리를 그대로 따르라는 규례입니다. 그리고 이어 넷째는 만일 어떤 사람이 다른 사람과 정혼한 여종으로서 곧 아직 몸값을 지불하고 노예상태에서 벗어나 속량되거나 해방되지 못한 여인과 동침하여 설정하면, 그것은 책망을 받을 일이라 이르십니다. 그러나 그들은 죽임을 당하지는 아니할 것인데, 그 이유는 그 여인이 해방되지 못하였기 때문입니다. 그리하여 그 남자는 그 속건제물 곧 속건제 숫양을 회막 문 여호와께로 끌고 올 것이며, 제사장은 그가 범한 죄를 위하여 그 속건제의 숫양으로 여호와 앞에 속죄할 것이여, 그리하면 그가 범한 죄를 사함 받으리라 이르십니다. 여기서 주인 된 남자가 이같이 속건제를 드리지만 그 여인에게 배상하지 않는데, 이는 그 여인은 주인의 종으로서 주인의 소유물이기 때문입니다.

_____

_____

_____

_____

_____

100

가나안에 심긴 과목에 대한 규례

레위기 19 : 23-25

너희가 그 땅에 들어가 각종 과목을 심거든 그 열매는 아직 할례 받지 못한 것으로 여기되 곧 삼 년 동안 너희는 그것을 할례 받지 못한 것으로 여겨 먹지 말 것이요 넷째 해에는 그 모든 과실이 거룩하니 여호와께 드려 찬송할 것이며 다섯째 해에는 그 열매를 먹을지니 그리하면 너희에게 그 소산이 풍성하리라 나는 너희의 하나님 여호와이니라

기도 요점

여호와께서 모세에게 말씀하여 이르시되 너는 이스라엘 자손의 온 회중에게 가나안에 심긴 과목에 대한 규례를 말하여 이르라 하신 것을 찬찬히 살펴보십시오.

도움의 말

여호와께서 모세에게 말씀하여 이르시되 너는 이스라엘 자손의 온 회중에게 가나안에 심긴 과목에 대한 규례를 말하여 이르라 하

십니다. 곧 이는 하나님의 은혜 가운데 모세를 통하여 출애굽한 너희는 가나안 그 땅에 들어가 각종 과목을 심을 때, 그 열매는 아직 할례 받지 못한 것으로 여기라 이르십니다. 여호와께서 곧 삼년 동안 너희는 그것을 할례 받지 못한 것으로 여겨 먹지 말라 이르십니다. 그러나 넷째 해에는 그 모든 과실이 거룩하니 여호와께 드려 찬송하라 이르십니다. 다섯째 해에는 그 열매를 먹을지니 그리하면 너희에게 그 소산이 풍성하리라 나는 너희의 하나님 여호와이니라 말씀하십니다.

101

기타 각종 사회 규범

레위기 19 : 26-28

너희는 무엇이든지 피째 먹지 말며 점을 치지 말며 술법을 행하지 말며 머리 가를 둥글게 깎지 말며 수염 끝을 손상하지 말며 죽은 자 때문에 너희의 살에 문신을 하지 말며 무늬를 놓지 말라 나는 여호와이니라

기도 요점

여호와께서 모세에게 말씀하여 이르시되 너는 이스라엘 자손의 온 회중에게 기타 각종 사회규범, 곧 피째 먹지 말며, 점을 치지 말며, 술법을 행하지 말며, 머리 가를 둥글게 깎지 말며, 수염 끝은 손상하지 말며, 죽은 자 때문에 너희의 살에 문신하지 말며, 무늬를 놓지 말라는 말씀을 찬찬히 살펴보십시오.

도움의 말

여호와께서 모세에게 말씀하여 이르시되 너는 이스라엘 자손의 온 회중에게 기타 각종 사회규범을 이르라 하십니다. 첫째, 너희

는 무엇이든지 피째 먹지 말라 이르십니다. 왜냐하면 피는 생명의 근원이며, 사실 피생명을 의미하기 때문입니다. 그리하여 성경에서는 피를 먹지 말라 말합니다. 그러나 당시 가나안 인들은 그들 자신의 신과 교제한다는 의미에서 희생제물의 피를 서로 나눠 먹는 습관이 있었다 합니다. 둘째, 점을 치지 말라 이르십니다. 신명기 18장 14절에서는 복술을 금하는데, 그 이유는 이스라엘에게는 네 하나님 여호와께서 이런 일을 용납하지 않으시기 때문입니다. 셋째, 술법을 행하지 말라 이르십니다. 신명기 18장 10-11절에 보면, '그의 아들이나 딸을 불 가운데로 지나게 하는 자나 점쟁이나 길흉을 말하는 자나 요술하는 자나 무당이나 진언자나 신접자나 박수나 초혼자를 너희 가운데에 용납하지 말라' 말씀합니다. 넷째, 머리 가를 둥글게 깎지 말라 이르십니다. 이는 이마와 귀 사이의 부분 곧 관자놀이 부분을 한쪽에서부터 다른 쪽 부분까지 원형으로 깎지 말라는 것입니다. 그런데 당시 아랍인들은 그들의 신을 숭배하기 위하여 이같이 머리를 깎았다 합니다. 다섯째, 수염 끝을 손상하지 말라 이르십니다. 이는 구레나룻 수염을 가리키는데, 당시 이교도들이 그들의 종교적 의식으로 수염 끝을 여러 자기 모양으로 깎았다 합니다. 여섯째, 죽은 자 때문에 너희의 살에 문신을 하지 말며 무늬를 놓지 말라 이르시면서 나는 여호와이니라 말씀하십니다. 당시 가나안인들은 죽은 자를 애도하며 또한 음부의 신을 달래려 자해하는 풍습이 있었는데, 이는 미신에서 유래된 것이므로 여호와께서 자기 백성 이스라엘에게 이를 금하십니다. 또한 고대세계에서 문신은 부적처럼 악귀들로부터 몸을 보호해 주는 것으로 믿었다 합니다. 이에 여호와께서 자기 백성 이스라엘 자손들에게 이를 금하십니다.

102

기타 각종 사회 규범 1

레위기 19 : 29-32

네 딸을 더럽혀 창녀가 되게 하지 말라 음행이 전국에 퍼져 죄악이 가득할까 하노라 내 안식일을 지키고 내 성소를 귀히 여기라 나는 여호와이니라 너희는 신접한 자와 박수를 믿지 말며 그들을 추종하여 스스로 더럽히지 말라 나는 너희 하나님 여호와이니라 너는 센 머리 앞에서 일어서고 노인의 얼굴을 공경하며 네 하나님을 경외하라 나는 여호와이니라

기도 요점

여호와께서 모세에게 말씀하여 이르시되 너는 이스라엘 자손의 온 회중에게 기타 각종 사회규범, 곧 딸을 창녀 되게 하지 말며, 내 안식일을 지키고 내 성소를 귀히 여기며, 신접한 자와 박수를 믿지 말며, 센 머리 앞에서 일어서고 노인의 얼굴을 공경하며 네 하나님을 경외하라는 말씀을 찬찬히 살펴보십시오.

도움의 말

여호와께서 모세에게 말씀하여 이르시되 너는 이스라엘 자손의 온 회중에게 기타 각종 사회규범을 말하여 이르라 하십니다. 첫째는 네 딸을 더럽혀 창녀가 되게 하지 말라 이르십니다. 이로 인하여 음행이 전국에 퍼져 죄악이 가득찰까 하는 우려 때문에 금합니다. 둘째는 내 안식일을 지키고 내 성소를 귀히 여기라 이르시면서 나는 여호와이니라 말씀하십니다. 안식일 준수목적은 하나님의 백성으로 하여금 우주 만물을 창조하시고 섭리 및 주관하시며, 하나님을 사랑하지 아니하고 믿지 아니하는 우리 인간의 죄를 구속해 주신 하나님을 찬양하고 경배하며 기억하기 위해서입니다. 셋째는 너희는 신접한 자와 박수를 믿지 말라 이르시면서 여호와께서 그들을 추종하여 스스로 더럽히지 말라 말씀하십니다. 넷째는 너는 센 머리 앞에서 일어서고 노인의 얼굴을 공경하며 네 하나님을 경외하라 이르시면서 나는 여호와이니라 말씀하십니다. 노인공경은 하나님의 창조질서에 순응하는 것이며, 이는 또한 우주 만물을 창조하신 하나님께서 모든 권위와 질서의 근원이심을 인정하는 행위입니다.

103
기타 각종 사회 규범 2

레위기 19 : 33-37

거류민이 너희의 땅에 거류하여 함께 있거든 너희는 그를 학대하지 말고 너희와 함께 있는 거류민을 너희 중에서 낳은 자 같이 여기며 자기 같이 사랑하라 너희도 애굽 땅에서 거류민이 되었었느니라 나는 너희의 하나님 여호와이니라 너희는 재판할 때나 길이나 무게나 양을 잴 때 불의를 행하지 말고 공평한 저울과 공평한 추와 공평한 에바와 공평한 힌을 사용하라 나는 너희를 인도하여 애굽 땅에서 나오게 한 너희의 하나님 여호와이니라 너희는 내 모든 규례와 내 모든 법도를 지켜 행하라 나는 여호와이니라

기도 요점

여호와께서 모세에게 말씀하여 이르시되 너는 이스라엘 자손의 온 회중에게 기타 각종 사회규범들, 곧 너희 땅에 거하는 거류민을 학대하지 말고, 거류민을 너희 중에서 낳은 자 같이 여기며, 자기 같이 사랑하라, 재판할 때나 길이나 무게나 양을 잴 때 불의를 행하지 말고, 공평한 저울과 공평한 추와 공평한 에바와 공평한 힌을 사용하라는

말씀을 찬찬히 살펴보십시오.

도움의 말

여호와께서 모세에게 말씀하여 이르시되 너는 이스라엘 자손의 온 회중에게 기타 각종 사회규범을 말하여 이르라 하십니다. 첫째는 거류민이 너희의 땅에 거류하여 함께 있거든 너희는 그를 학대하지 말라 이르십니다. 더 나아가 여호와께서 모세를 통하여 두 가지 말씀을 더 이르십니다. 하나는 너희와 함께 있는 거류민을 너희 중에서 낳은 자 같이 여기라 이르십니다. 다른 하나는 거류민을 자기 같이 사랑하라 너희도 애굽 땅에서 거류민이 되었었느니라 하시면서 나는 너희의 하나님 여호와이니라고 말씀하십니다. 둘째는 너희는 재판할 때나 길이나 무게나 양을 잴 때 불의를 행하지 말고 공평한 저울과 공평한 추와 공평한 에바와 공평한 힌을 사용하라 이르십니다. 이는 상거래에서 사용되는 여러 가지 척도들로서 이스라엘 백성의 경제생활 전반에서 공정한 상거래 규범이 강조됩니다. 그러면서 여호와께서 나는 너희를 인도하여 애굽 땅에서 나오게 한 너희의 하나님 여호와이니라 말씀하십니다. 19장 결론에서 여호와께서는 모세를 통하여 이스라엘 자손의 온 회중에게 너희는 내 모든 규례와 내 모든 법도를 지켜 행하라 나는 여호와이니라 말씀하십니다. 이는 이스라엘 백성들을 애굽의 노예로부터 구원하시고 그들과 계약을 맺으신 여호와께서 기타 각종 사회규범을 그들에게 명령하신다는 말씀입니다.

104

우상숭배 죄에 대한 처벌

레위기 20 : 1-5

여호와께서 모세에게 말씀하여 이르시되 너는 이스라엘 자손에게 또 이르라 그가 이스라엘 자손이든지 이스라엘에 거류하는 거류민이든지 그의 자식을 몰렉에게 주면 반드시 죽이되 그 지방 사람이 돌로 칠 것이요 나도 그 사람에게 진노하여 그를 그의 백성 중에서 끊으리니 이는 그가 그의 자식을 몰렉에게 주어서 내 성소를 더럽히고 내 성호를 욕되게 하였음이라 그가 그의 자식을 몰렉에게 주는 것을 그 지방 사람이 못 본 체하고 그를 죽이지 아니하면 내가 그 사람과 그의 권속에게 진노하여 그와 그를 본받아 몰렉을 음란하게 섬기는 모든 사람을 그들의 백성 중에서 끊으리라

기도 요점

여호와께서 모세에게 말씀하여 이르시되 너는 이스라엘 자손에게 또 이르라 그가 이스라엘 자손이든지 이스라엘에 거류하는 거류민이든지 그의 자식을 몰렉에게 주면 반드시 죽이되 그 지방 사람이 돌로 칠 것이요 나도 그 사람에게 진노하여 그를 그의 백성 중에서 끊으신

다고 이르시는데, 그 이유는? 그가 그의 자식을 몰렉에게 주는 것을 그 지방 사람이 못 본 체하고 그를 죽이지 아니할 경우, 이에 대한 여호와 하나님의 벌은?

도움의 말

여호와께서 모세에게 말씀하여 이르시되 너는 이스라엘 자손에게 또 이르라 하시면서 우상숭배 죄에 대한 처벌을 말씀하십니다. 여호와께서 가장 가증하게 여기시는 범죄가 바로 우상숭배 죄입니다. 그가 이스라엘 자손이든지 이스라엘에 거류하는 거류민이든지 그의 자식을 몰렉에게 주면 반드시 죽이라 명하십니다. 몰렉은 암몬 족속의 우상으로서 이는 유아 인신 제사로 유명한데, 이스라엘이 가나안에 정착한 후에 그들에게도 영향을 크게 미쳤습니다. 그렇기 때문에 여호와께서 우상숭배자를 그 지방 사람이 돌로 칠 것이며, 여호와 하나님께서도 그 사람에게 진노하여 그를 그의 백성 중에서 끊으신다고 말씀하십니다. 이는 그가 그의 자식을 몰렉에게 주어서 내 성소를 더럽히고 내 성호를 욕되게 하였기 때문이라고 이르십니다. 그가 그의 자식을 몰렉에게 주는 것을 그 지방 사람이 못 본 체하고 그를 죽이지 아니하면, 여호와께서 모세에게 이르시기를 내가 그 사람과 그의 권속에게 진노하여 그와 그를 본받아 몰렉을 음란하게 섬기는 모든 사람을 그들의 백성 중에서 끊으신다고 말씀하십니다.

_____

_____

_____

_____

_____

105

스스로 깨끗하게 하여 거룩할지어다

레위기 20 : 6-8

접신한 자와 박수무당을 음란하게 따르는 자에게는 내가 진노하여 그를 그의 백성 중에서 끊으리니 너희는 스스로 깨끗하게 하여 거룩할지어다 나는 너희의 하나님 여호와이니라 너희는 내 규례를 지켜 행하라 나는 너희를 거룩하게 하는 여호와이니라

기도 요점

여호와께서 모세에게 말씀하여 이르시되 너는 이스라엘 자손에게 또 이르시되 '접신한 자와 박수무당을 음란하게 따르는 자에게는 내가 진노하여 그를 그의 백성 중에서 끊으리니 너희는 스스로 깨끗하게 하여 거룩할지어다 나는 너희의 하나님 여호와이니라'는 말씀이 자신에게 주는 의미는?

도움의 말

여호와께서 모세에게 말씀하여 이르시되 너는 이스라엘 자손에게 또 이르라 하시면서 너희는 스스로 깨끗하게 하여 거룩할지라 말

씀하십니다. 이에 여호와께서는 접신한 자와 박수무당을 음란하게 따르는 자에게는 내가 진노하여 그를 그의 백성 중에서 끊으신다 말씀하십니다. 그렇기 때문에 너희는 스스로 깨끗하게 하여 거룩할지라 명하시면서 나는 너희의 하나님 여호와이라 말씀하십니다. 여기서 '거룩하다'란 구별되다란 뜻으로서 이는 하나님의 백성은 죄와 부정으로부터 분리되어 구별된 삶, 즉 거룩한 삶을 살라는 뜻입니다. 여호와께서는 하나님의 백성과 언약을 맺으신 하나님이시며, 뿐만 아니라 언약에 신실하신 하나님이시며, 또한 언약 백성으로 하여금 하나님의 거룩하신 속성을 본받아 구별된 삶을 살 수 있게 하시는 하나님이십니다. 그래서 여호와께서는 하나님의 백성에게 너희는 내 규례를 지켜 행하라 명하시면서 나는 너희를 거룩하게 하는 여호와이시라 말씀하십니다.

106
불효 죄 및 각종 성범죄

레위기 20 : 9-21

만일 누구든지 자기의 아버지나 어머니를 저주하는 자는 반드시 죽일지니 그가 자기의 아버지나 어머니를 저주하였은즉 그의 피가 자기에게로 돌아가리라 누구든지 남의 아내와 간음하는 자 곧 그의 이웃의 아내와 간음하는 자는 그 간부와 음부를 반드시 죽일지니라 누구든지 그의 아버지의 아내와 동침하는 자는 그의 아버지의 하체를 범하였은즉 둘 다 반드시 죽일지니 그들의 피가 자기들에게로 돌아가리라 누구든지 그의 며느리와 동침하거든 둘 다 반드시 죽일지니 그들이 가증한 일을 행하였음이라 그들의 피가 자기들에게로 돌아가리라 누구든지 여인과 동침하듯 남자와 동침하면 둘 다 가증한 일을 행함인즉 반드시 죽일지니 자기의 피가 자기에게로 돌아가리라 누구든지 아내와 자기의 장모를 함께 데리고 살면 악행인즉 그와 그들을 함께 불사를지니 이는 너희 중에 악행이 없게 하려 함이니라 남자가 짐승과 교합하면 반드시 죽이고 너희는 그 짐승도 죽일 것이며 여자가 짐승에게 가까이 하여 교합하면 너는 여자와 짐승을 죽이되 그들을 반드시 죽일지니 그들의 피가 자기들에게로 돌아가리라 누구든지 그의 자매 곧 그의 아버지의 딸이나 그의 어머니의 딸을 데려다가 그 여자의 하체를 보고 여자는 그 남자의 하체를 보면 부끄러운 일이라 그들의 민족 앞에서 그들이 끊어질지니 그가 자기의 자매의 하체를 범하였은즉 그가 그의 죄를 담당하리라 누구든지 월경 중의 여인과 동침하여 그의 하체를 범하면 남자는 그 여인의 근원을 드러냈고 여인은 자기의 피 근원을 드러내었음인즉 둘 다 백성 중에서 끊어지리라 네 이모나 고모의 하체를 범하지 말지니 이는 살붙이의 하체인즉 그들이 그들의 죄를 담당하리라 누구든지 그의 숙모와 동침하면 그의 숙부의 하체를 범함이니 그들은 그들의 죄를 담당하여 자식이 없이 죽으리라 누구든지 그의 형제의 아내를 데리고 살면 더러운 일이라 그가 그의 형제의 하체를 범함이니 그들에게 자식이 없으리라

기도 요점

여호와께서 모세에게 말씀하여 이르시되 너는 이스라엘 자손에게 또 이르라 하신 불효 죄 및 각종 성 범죄에 관한 말씀을 찬찬히 살펴보십시오.

도움의 말

여호와께서 모세에게 말씀하여 이르시되 너는 이스라엘 자손에게

또 이르라 하시면서 불효 죄 및 각종 성 범죄에 관한 말씀을 하십니다. 불효 죄는 만일 누구든지 자기의 아버지나 어머니를 저주하는 자는 반드시 죽이라 말씀하십니다. 그가 자기의 아버지나 어머니를 저주하였은즉 그의 피가 자기에게로 돌아갈 것이라 이르십니다. 각종 성 범죄 가운데 우선은 누구든지 남의 아내와 간음하는 자 곧 그의 이웃의 아내와 간음하는 자는 그 간부와 음부를 반드시 죽이라 말씀하십니다. 둘째, 누구든지 그의 아버지의 아내와 동침하는 자는 그의 아버지의 하체를 범하였은즉 둘 다 반드시 죽이라 이르시면서 이는 그들의 피가 자기들에게로 돌아가리라 말씀하십니다. 셋째, 누구든지 그의 며느리와 동침하거든 둘 다 반드시 죽일 것인데, 이는 그들이 가증한 일을 행하였음으로 그들의 피가 자기들에게로 돌아가리라 말씀하십니다. 넷째, 누구든지 여인과 동침하듯 남자와 동침하면 둘 다 가증한 일을 행함인즉 반드시 죽일 것인데, 이는 자기의 피가 자기에게로 돌아간 것이라 이르십니다. 다섯째, 누구든지 아내와 자기의 장모를 함께 데리고 살면 악행인즉 그와 그들을 함께 불사르라 이르십니다. 이는 너희 중에 악행이 없게 하려 함이라고 말씀하십니다. 여섯째, 남자가 짐승과 교합하면 반드시 죽이고 너희는 그 짐승도 죽일 것이며 여자가 짐승에게 가까이 하여 교합하면 너는 여자와 짐승을 죽이되 그들을 반드시 죽이라 말씀하시면서 그들의 피가 자기들에게로 돌아가리라 이르십니다. 일곱째, 누구든지 그의 자매 곧 그의 아버지의 딸이나 그의 어머니의 딸을 데려다가 그 여자의 하체를 보고 여자는 그 남자의 하체를 보면 부끄러운 일이라 말씀하십니다. 그들은 그들의 민족 앞에서 끊어질지니 그가 자기의 자매의 하체를 범하였은즉 그가 그의 죄를 담당하리라 이르십니다. 여덟째, 누구든지 월경 중의 여인과 동침하여 그의 하체를 범하면 남자는 그 여인의 근원을 드러냈고 여인은 자기의 피 근원을 드러내었음인즉 둘 다 백성 중에서 끊어질 것이라 이르십니다. 아홉째, 네 이모나 고모의 하체를 범하지 말지니 이는 살붙이의 하체인즉 그들이 그들의 죄를 담당하리라 이르십니다. 열째, 누구든지 그의 숙모와 동침하면 그의 숙부의 하체를 범함이니 그들은 그들의 죄를 담당하여 자식이 없이 죽으리라 이르십니다. 그리고 마지막으로 누구든지 그의 형제의 아내를 데리고 살면 더러운 일이라 그가 그의 형제의 하체를 범함이니 그들에게 자식이 없으리라 이르십니다.

107

나의 모든 규례와 법도를 지켜 행하라

레위기 20 : 22-24

너희는 나의 모든 규례와 법도를 지켜 행하라 그리하여야 내가 너희를 인도하여 거주하게 하는 땅이 너희를 토하지 아니하리라 너희는 내가 너희 앞에서 쫓아내는 족속의 풍속을 따르지 말라 그들이 이 모든 일을 행하므로 내가 그들을 가증히 여기노라 내가 전에 너희에게 이르기를 너희가 그들의 땅을 기업으로 받을 것이라 내가 그 땅 곧 젖과 꿀이 흐르는 땅을 너희에게 주어 유업을 삼게 하리라 하였노라 나는 너희를 만민 중에서 구별한 너희의 하나님 여호와이니라

기도 요점

여호와께서 모세에게 말씀하여 이르시되 너는 이스라엘 자손에게 또 나의 모든 규례와 법도, 즉 모세를 통하여 주신 모든 규례와 법도 및 명령을 지켜 행하라 이르라 그리하여야 내가 너희를 인도하여 거주하게 하는 땅이 너희를 토하지 아니하리라는 말씀을 찬찬히 살펴보십시오.

도움의 말

여호와께서 모세에게 말씀하여 이르시되 너는 이스라엘 자손에게 또 나의 모든 규례와 법도를 지켜 행하라고 이르라 하십니다. 이는 여호와께서 모세를 통하여 주신 모든 규례와 법노 및 명령을 가리킵니다. 여호와께서 그들에게 너희는 나의 모든 규례와 법도를 지켜 행하여야만 내가 너희를 인도하여 거주하게 하는 땅이 너희를 토하지 아니하리라 이르십니다. 여호와 하나님의 인도하심으로 가나안 땅에 들어가는 이스라엘백성은 모세를 통하여 명하신 하나님의 규례와 법도를 잘 지켜 행해야지, 그렇지 않으면 그들 역시 그 땅에서 쫓겨난다 이르십니다. 그렇기 때문에 여호와께서 너희는 내가 너희 앞에서 쫓아내는 족속의 풍속. 즉 이방의 가증한 온갖 관습, 제도 법 및 풍습을 따르지 말라 그들이 이 모든 일을 행하므로 내가 그들을 가증하게 여겼다 이르십니다. 내가 전에 너희에게 이르기를 너희가 그들의 땅을 기업으로 받을 것이라 내가 그 땅 곧 젖과 꿀이 흐르는 땅을 너희에게 주어 유업을 삼게 하리라 하였노라 말씀하십니다. 이 말씀은 여호와께서는 이스라엘을 선택하시어 언약의 백성으로 삼아 그들을 통하여 모든 인류를 구원하시려 만민 중에서 그들을 구별한 하나님이심을 천명하시는 말씀입니다.

108

부정한 것으로 구별한 것들로
너희의 몸을 더럽히지 말라

레위기 20 : 25-27

너희는 짐승이 정하고 부정함과 새가 정하고 부정함을 구별하고 내가 너희를 위하여 부정한 것으로 구별한 짐승이나 새나 땅에 기는 것들로 너희의 몸을 더럽히지 말라 너희는 나에게 거룩할지어다 이는 나 여호와가 거룩하고 내가 또 너희를 나의 소유로 삼으려고 너희를 만민 중에서 구별하였음이니라 남자나 여자가 접신하거나 박수무당이 되거든 반드시 죽일지니 곧 돌로 그를 치라 그들의 피가 자기들에게로 돌아가리라

기도 요점

여호와께서 모세에게 말씀하여 이르시되 너는 이스라엘 자손에게 또 부정한 것으로 구별한 것들로 너희의 몸을 더럽히지 말라 하라 이르시면서 너희는 나에게 거룩할지어다 이는 나 여호와가 거룩하고 내가 또 너희를 나의 소유로 삼으려고 너희를 만민 중에서 구별하였음이니라 하신 말씀을 찬찬히 살펴보십시오.

도움의 말

여호와께서 모세에게 말씀하여 이르시되 너는 이스라엘 자손에게 또 부정한 것으로 구별한 것들로 너희의 몸을 더럽히지 말라 이르라 하십니다. 즉 너희는 짐승이 정하고 부정함과 새가 정하고 부정함을 구별하고 내가 너희를 위하여 부정한 것으로 구별한 짐승이나 새나 땅에 기는 것들로 너희의 몸을 더럽히지 말라 이르십니다. 너희는 나에게 거룩할지어다 이는 나 여호와가 거룩하고 내가 또 너희를 나의 소유로 삼으려고 너희를 만민 중에서 구별하였기 때문이라 말씀하십니다. 남자나 여자가 접신하거나 박수무당이 되거든 반드시 죽일지니 곧 돌로 그를 치라 그의 피가 자기에게로 돌아가리라 말씀하십니다.

109

제사장은 죽은 자를 만짐으로
스스로 더럽히지 말라

레위기 21 : 1-3

여호와께서 모세에게 이르시되 아론의 자손 제사장들에게 말하여
이르라 그의 백성 중에서 죽은 자를 만짐으로 말미암아 스스로를
더럽히지 말려니와 그의 살붙이인 그의 어머니나 그의 아버지나
그의 아들이나 그의 딸이나 그의 형제나 출가하지 아니한 처녀인
그의 자매로 말미암아서는 몸을 더럽힐 수 있느니라

기도 요점

여호와께서 모세에게 이르시되 아론의 자손 제사장들에게 죽은 자를
만짐으로 스스로 더럽히지 말려니와 그의 살붙이인 그의 어머니나
그의 아버지나 그의 아들이나 그의 딸이나 그의 형제나 출가하지 아
니한 처녀인 그의 자매로 말미암아서는 몸을 더럽힐 수 있다 이르신
말씀을 찬찬히 살펴보십시오.

도움의 말

여호와께서 모세에게 이르시되 아론의 자손 제사장들에게 죽은

자를 만짐으로 스스로 더럽히지 말라 이르라 하십니다. 사실 제사장은 모세를 통하여 주신 하나님의 규례를 백성들에게 가르쳐야 히는 의무가 있지만, 제사장 역시 지켜야 될 규례가 있습니다. 여호와께서 제사장에게 백성 중에서 죽은 자를 만짐으로 말미암아 스스로를 더럽히지 말라 하십니다. 야고보서 1장 15절에 보면, 욕심이 잉태한즉 죄를 낳고 죄가 장성한즉 사망을 낳기 때문에 시체는 종교 의식상 부정한 것으로 취급되었다 합니다. 그렇지만 예외가 있는데, 이는 제사장의 살붙이인 그의 어머니나 그의 아버지나 그의 아들이나 그의 딸이나 그의 형제나 출가하지 아니한 처녀인 그의 자매로 말미암아서는 몸을 더럽힐 수 있습니다.

110

제사장은 자신을 더럽혀
속되게 하지 말지니라

레위기 21 : 4-9

제사장은 그의 백성의 어른인즉 자신을 더럽혀 속되게 하지 말지니라 제사장들은 머리털을 깎아 대머리 같게 하지 말며 자기의 수염 양쪽을 깎지 말며 살을 베지 말고 그들의 하나님께 대하여 거룩하고 그들의 하나님의 이름을 욕되게 하지 말 것이며 그들은 여호와의 화제 곧 그들의 하나님의 음식을 드리는 자인즉 거룩할 것이라 그들은 부정한 창녀나 이혼 당한 여인을 취하지 말지니 이는 그가 여호와 하나님께 거룩함이니라 너는 그를 거룩히 여기라 그는 네 하나님의 음식을 드림이니라 너는 그를 거룩히 여기라 너희를 거룩하게 하는 나 여호와는 거룩함이니라

기도 요점

여호와께서 모세에게 이르시되 아론의 자손 제사장들에게 자신을 더럽혀 속되게 하지 말라 이르신 말씀을 찬찬히 살펴보십시오.

도움의 말

여호와께서 모세에게 이르시되 아론의 자손 제사장들에게 자신을 더럽혀 속되게 하지 말라 이르라 하십니다. 그 까닭은 제사장은 그의 백성의 어른이기 때문입니다. 또한 제사장은 백성을 대표하여 하나님께 가까이 나아가 제사를 드려야 하였고, 하나님의 모든 법도와 규례를 그들에게 가르치고 지도하는 자로서 모범을 보여야 하는 사람들이기 때문입니다. 또한 제사장들은 머리털을 깎아 대머리 같게 하지 말라 이르십니다. 그런데 당시 고대 애굽의 제사장들은 가까운 친척이 상을 당하면 애통의 표현으로 머리를 삭발하였다 합니다. 그렇기 때문에 여호와는 이같은 이방풍속을 본받지 말라 이르십니다. 또한 제사장들은 자기의 수염 양쪽을 깎지 말며 살을 베지 말고 그들의 하나님께 대하여 거룩하여 그들의 하나님의 이름을 욕되게 하지 말라 이르십니다. 당시 구레나룻 수염은 이교도들의 종교적인 의식으로 수염 끝을 여러 가지 모양으로 깎았다 합니다. 살을 베는 것 역시 죽은 자를 위한 애통의 의식으로 혹은 음부의 신을 달래기 위한 표시로 당시 이방 민족들 사이에 미신적 풍습였다 합니다. 그들은 여호와의 화제 곧 그들의 하나님의 음식을 드리는 자인즉 거룩할 것이라 이르십니다. 이에 그들은 부정한 창녀나 이혼 당한 여인을 취하지 말라 이르시는데, 이는 그가 여호와 하나님께 거룩함이기 때문입니다. 그리고 이어 너는 그를 거룩히 여기라 하시면서 그 이유를 두 가지 이르십니다. 하나는 그는 네 하나님의 음식을 드림이기 때문이며, 다른 하나는 너희를 거룩하게 하는 나 여호와는 거룩함이시기 때문입니다.

_____

_____

_____

_____

_____

111

대제사장의 특별 의무

레위기 21 : 10-12

자기의 형제 중 관유로 부음을 받고 위임되어 그 예복을 입은 대제
사장은 그의 머리를 풀지 말며 그의 옷을 찢지 말며 어떤 시체에든
지 가까이 하지 말지니 그의 부모로 말미암아서도 더러워지게 하
지 말며 그 성소에서 나오지 말며 그의 하나님의 성소를 속되게 하
지 말라 이는 하나님께서 성별하신 관유가 그 위에 있음이니라 나
는 여호와이니라

기도 요점

여호와께서 모세에게 이르시되 아론의 자손 제사장들에게 관유로 부
음을 입은 대제사장의 특별 의무를 이르라 하신 말씀을 찬찬히 살펴
보십시오.

도움의 말

여호와께서 모세에게 이르시되 아론의 자손 제사장들에게 대제사
장의 특별 의무를 이르라 하십니다. 자기의 형제 중 관유로 부음

을 받고 위임되어 그 예복을 입은 대제사장은 그의 머리를 풀지 말며 그의 옷을 찢지 말며 어떤 시체에든지 가까이 하지 말라 이르십니다. 관유는 감람기름과 다른 향품을 섞어 만든 기름으로서 제사장이나 왕을 위임할 때 혹은 성전 기구를 정결하게 할 때 등 거룩한 목적에만 사용됩니다. 이런 관유가 대제사장으로 구별하기 위해서도 사용됩니다. 그러므로 관유로 부음을 받고 대제사장으로 위임된 그는 그의 부모로 말미암아서도 더러워지게 하지 말며 그 성소에서 나오지 말며 그의 하나님의 성소를 속되게 하지 말라 이르십니다. 이는 하나님께서 성별하신 관유가 그 위에 있기 때문이라 이르시면서 나는 여호와이니라 말씀하십니다.

112

대제사장은 처녀를 데려다가
아내를 삼으리

레위기 21 : 13-15

그는 처녀를 데려다가 아내를 삼을지니 과부나 이혼 당한 여자나 창녀 짓을 하는 더러운 여인을 취하지 말고 자기 백성 중에서 처녀를 취하여 아내를 삼아 그의 자손이 그의 백성 중에서 속되게 하지 말지니 나는 그를 거룩하게 하는 여호와임이니라

기도 요점

여호와께서 모세에게 이르시되 아론의 자손 대제사장에게 그는 처녀를 데려다가 아내를 삼으라고 이르라 하신 말씀을 찬찬히 살펴보십시오.

도움의 말

여호와께서 모세에게 이르시되 아론의 자손 대제사장에게 그는 처녀를 데려다가 아내를 삼으라 하라 이르십니다. 제사장은 과부나 이혼 당한 여자나 창녀로 자신을 더럽히는 여인을 취하지 말고 자기 백성 중에서 처녀를 취하여 아내를 삼으라 하십니다. 제사장

들은 오직 혈통에 의해서 그 직분이 계승되었으므로 자기 백성 중에서 처녀를 아내로 취하라 이르십니다. 그의 자손이 그의 백성 중에서 속되게 하지 말라 이르시면서 나는 그를 거룩하게 하는 여호와임이니라 말씀하십니다.

113

제사장이 될 수 없는 신체적 조건

레위기 21 : 16-24

여호와께서 모세에게 말씀하여 이르시되 아론에게 말하여 이르라 누구든지 너의 자손 중 대대로 육체에 흠이 있는 자는 그 하나님의 음식을 드리려고 가까이 오지 못할 것이니라 누구든지 흠이 있는 자는 가까이 하지 못할지니 곧 맹인이나 다리 저는 자나 코가 불완전한 자나 지체가 더한 자나 발 부러진 자나 손 부러진 자나 등 굽은 자나 키 못 자란 자나 눈에 백막이 있는 자나 습진이나 버짐이 있는 자나 고환 상한 자나 제사장 아론의 자손 중에 흠이 있는 자는 나와 여호와께 화제를 드리지 못할지니 그는 흠이 있은즉 나와서 그의 하나님께 음식을 드리지 못하느니라 그는 그의 하나님의 음식이 지성물이든지 성물이든지 먹을 것이나 휘장 안에 들어가지 못할 것이요 제단에 가까이 하지 못할지니 이는 그가 흠이 있음이니라 이와 같이 그가 내 성소를 더럽히지 못할 것은 나는 그들을 거룩하게 하는 여호와임이니라 이와 같이 모세가 아론과 그의 아들들과 온 이스라엘 자손에게 말하였더라

기도 요점

여호와께서 모세에게 말씀하여 이르시되 아론에게 말하여 이르라 누구든지 너의 자손 중 대대로 육체에 흠이 있는 자는 그 하나님의 음식을 드리려고 가까이 오지 못할 것이라 이르신 말씀을 찬찬히 살펴보십시오.

도움의 말

여호와께서 모세에게 말씀하여 이르시되 아론에게 말하여 그의 후손 중 제사장이 될 수 없는 신체적 조건을 이르라 하십니다. 여호와께서 누구든지 아론의 자손 중 대대로 육체에 흠이 있는 자는 그 하나님의 음식을 드리려고 가까이 오지 못한다 말씀하십니다. 이는 신체적으로 누구든지 흠이 있는 자는 하나님께 희생제물을 드리려고 가까이 하지 못한다는 말씀입니다. 여기서 말하는 육체적으로 흠이 있는 자란 곧 맹인이나 다리 저는 자나 코가 불완전한 자나 지체가 더한 자나 발 부러진 자나 손 부러진 자나 등 굽은 자나 키 못 자란 자나 눈에 백막이 있는 자나 습진이나 버짐이 있는 자나 고환 상한 자입니다. 아론의 자손 중에 이같은 흠이 있는 자는 나와서 하나님의 음식을 드리지 못한다고 말씀하십니다. 여기서 하나님의 음식이란 하나님의 몫으로 구분되어 번제단 위에서 불살라지는 모든 제사의 희생제물입니다. 그러나 아론의 자손 중 흠이 있는 그는 하나님의 음식이 지성물이든지 성물이든지 먹을 수 있습니다. 이는 모든 희생제물, 곧 속죄제물, 화목제물 속건제물, 소제물 중 제사장 몫으로 돌려지는 제물은 먹을 수 있다는 말씀입니다. 그렇지만 휘장 안에 들어가지 못하며 제단에 가까이 하지 못할 것인데, 이는 그가 흠이 있음이기 때문입니다. 이는 흠이 있는 자는 성막 뜰에는 들어갈 수 있으나 성소 안으로는 들어갈 수 없음을 뜻합니다. 이같이 그가 여호와의 성소를 더럽히지 못할 것은 여호와는 그들을 거룩하게 하는 하나님이시기 때문입니다. 모세가 아론과 그의 아들들과 온 이스라엘 자손에게 육체에 흠이 있는 자는 제사장으로서 하나님께 희생제물을 드릴 수 없음을 여호와께서 말씀하신 그대로 말하였습니다.

114
성물을 먹는 규례

레위기 22 : 1-9

여호와께서 모세에게 말씀하여 이르시되 아론과 그의 아들들에게 말하여 그들로 이스라엘 자손이 내게 드리는 그 성물에 대하여 스스로 구별하여 내 성호를 욕되게 함이 없게 하라 나는 여호와이니라 그들에게 이르라 누구든지 네 자손 중에 대대로 그의 몸이 부정하면서도 이스라엘 자손이 구별하여 여호와께 드리는 성물에 가까이 하는 자는 내 앞에서 끊어지리라 나는 여호와이니라 아론의 자손 중 나병 환자나 유출병자는 그가 정결하기 전에는 그 성물을 먹지 말 것이요 시체의 부정에 접촉된 자나 설정한 자나 무릇 사람을 부정하게 하는 벌레에 접촉된 모든 사람과 무슨 부정이든지 사람을 더럽힐 만한 것에게 접촉된 자 곧 이런 것에 접촉된 자는 저녁까지 부정하니 그의 몸을 물로 씻지 아니하면 그 성물을 먹지 못할지며 해 질 때에야 정하리니 그 후에야 그 성물을 먹을 것이니라 이는 자기의 음식이 됨이니라 시체나 찢겨 죽은 짐승을 먹음으로 자기를 더럽히지 말라 나는 여호와이니라 그들은 내 명령을 지킬 것이니라 그것을 속되게 하면 그로 말미암아 죄를 짓고 그 가운데

에서 죽을까 하노라 나는 그들을 거룩하게 하는 여호와이니라

기도 요점

여호와께서 모세에게 말씀하여 이르시되 아론과 그의 아들들에게 말하여 그들로 이스라엘 자손이 내게 드리는 그 성물에 대하여 스스로 구별하여 내 성호를 욕되게 함이 없게 하라 나는 여호와이니라 말씀하십니다. 제사장들이 성물을 먹을 수 있는 경우의 규례와 성물을 먹을 수 없는 경우의 규례를 찬찬히 살펴보십시오.

도움의 말

여호와께서 모세에게 말씀하여 이르시되 아론과 그의 아들들에게 말하여 그들로 이스라엘 자손이 내게 드리는 그 성물에 대하여 스스로 구별하여 내 성호를 욕되게 함이 없게 하라 나는 여호와이니라 말씀하십니다. 이는 제사장이라도 신체적이나 종교의식상의 이유로 인하여 성물을 먹을 수 없는 경우에 관한 말씀입니다. 구약에서 이스라엘의 제사장은 아론과 그의 직계 자손 중 흠 없는 아들들만 될 수 있었습니다. 여호와께서 모세를 통하여 그들에게 이르라 하시면서 누구든지 네 자손 중에 대대로 그의 몸이 부정하면서도 이스라엘 자손이 구별하여 여호와께 드리는 성물에 가까이 하는 자는 내 앞에서 끊어지리라 나는 여호와이니라 말씀하십

니다. 아론의 자손 중 나병 환자나 유출병자는 그가 정결하기 전에는 그 성물을 먹지 말라 이르십니다. 시체의 부정에 접촉된 자나 설정한 자나 무릇 사람을 부정하게 하는 벌레에 접촉된 모든 사람과 무슨 부정이든지 사람을 더럽힐 만한 것에게 접촉된 자 곧 이런 것에 접촉된 자는 저녁까지 부정하니 그의 몸을 물로 씻지 아니하면 그 성물을 먹지 못할 것이라 이르십니다. 그러나 해 질 때에야 정하리니 그 후에야 그 성물을 먹을 것인데, 이는 나 여호와 음식이 됨이니라 이르십니다. 시체나 찢겨 죽은 짐승을 먹음으로 자기를 더럽히지 말라 나는 여호와이니라 말씀하십니다. 그들은 내 명령을 지킬 것이니라 그것을 속되게 하면 그로 말미암아 죄를 짓고 그 가운데에서 죽을까 하노라 이르시면서 나는 그들을 거룩하게 하는 여호와이니라 말씀하십니다. 여호와는 거룩하신 하나님이십니다. 그러므로 하나님과 관련된 모든 것 역시 거룩하고 또한 거룩해야만 합니다.

115

일반인은 성물을 먹지 못 할지니라

레위기 22 : 10-13

일반인은 성물을 먹지 못할 것이며 제사장의 객이나 품꾼도 다 성물을 먹지 못할 것이니라 그러나 제사장이 그의 돈으로 어떤 사람을 샀으면 그는 그것을 먹을 것이며 그의 집에서 출생한 자도 그렇게 하여 그들이 제사장의 음식을 먹을 것이며 제사장의 딸이 일반인에게 출가하였으면 거제의 성물을 먹지 못하되 만일 그가 과부가 되든지 이혼을 당하든지 자식이 없이 그의 친정에 돌아와서 젊었을 때와 같으면 그는 그의 아버지 몫의 음식을 먹을 것이나 일반인은 먹지 못할 것이니라

기도 요점

여호와께서 모세에게 말씀하여 이르시되 일반인은 성물을 먹지 못할 것이며 제사장의 객이나 품꾼도 다 성물을 먹지 못 할지니라 하신 말씀을 찬찬히 살펴보십시오.

도움의 말

여호와께서 모세에게 말씀하여 이르시되 일반인은 성물을 먹지 못할 것이며 제사장의 객이나 품꾼도 다 성물을 먹지 못할 것이라 하십니다. 그러나 다음 사람들은 성물을 먹을 수 있다 이르십니다. 곧 제사장이 그의 돈으로 어떤 사람을 샀으면 그는 성물을 먹을 것이라 이르십니다. 또한 제사장의 집에서 출생한 자도 그렇게 하여 그들이 제사장의 음식을 먹을 것이라 이르십니다. 그리고 또한 제사장의 딸이 일반인에게 출가하였으면 거제의 성물을 먹지 못하지만 만일 그가 과부가 되든지 이혼을 당하든지 자식이 없이 그의 친정에 돌아와서 젊었을 때와 같으면 그는 그의 아버지 몫의 음식을 먹을 것입니다. 그러나 일반인은 성물을 먹지 못할 것이라고 여호와께서 말씀하십니다.

116
여호와께 드리는 성물을
속되게 하지 말라

레위기 22 : 14-16

만일 누가 부지중에 성물을 먹으면 그 성물에 그것의 오분의 일을
더하여 제사장에게 줄지니라 이스라엘 자손이 여호와께 드리는 성
물을 그들은 속되게 하지 말지니 그들이 성물을 먹으면 그 죄로 인
하여 형벌을 받게 할 것이니라 나는 그 음식을 거룩하게 하는 여호
와이니라

기도 요점

여호와께서 모세에게 말씀하여 이르시되 만일 제사장의 가족 외 이
스라엘 백성 중 누가 부지중에 성물을 먹으면 그 성물에 그것의 오분
의 일을 더하여 제사장에게 주라 하시는데, 그 까닭은?

도움의 말

여호와께서 모세에게 말씀하여 이르시되 만일 누가 부지중에 성
물을 먹으면 그 성물에 그것의 오분의 일을 더하여 제사장에게 주
라 하십니다. 여기에 해당되는 사람은 제사장의 가족이 아닌 모든

이스라엘의 일반 백성을 가리킵니다. 부지중에 그 성물을 누가 먹으면 속건제를 드려야 하며 또한 그 성물 본물에 오분의 일을 더하여 배상금 형태로 제사장에게 주어야 했습니다. 이에 이스라엘 자손이 여호와께 드리는 성물을 그들은 속되게 하지 말라 이르십니다. 이는 하나님께 바쳐짐으로 인하여 거룩하게 된 성물은 하나님께서 정하신 규례를 벗어나 먹게 될 때 하나님의 거룩성을 속되게 하는 것이 되기에 이를 하지 말라 이르신 것입니다. 그러나 이스라엘 자손이 성물을 먹으면 그 죄로 인하여 형벌을 받게 할 것이라 말씀하시면서 나는 그 음식을 거룩하게 하는 여호와이니라 말씀하십니다.

_____

_____

_____

_____

_____

117

여호와께서 기쁘게 받으시는 제물

레위기 22 : 17-20

여호와께서 모세에게 말씀하여 이르시되 아론과 그의 아들들과 이스라엘 온 족속에게 말하여 이르라 이스라엘 자손이나 그 중에 거류하는 자가 서원제물이나 자원제물로 번제와 더불어 여호와께 예물로 드리려거든 기쁘게 받으심이 되도록 소나 양이나 염소의 흠 없는 수컷으로 드릴지니 흠 있는 것은 무엇이나 너희가 드리지 말 것은 그것이 기쁘게 받으심이 되지 못할 것임이니라

기도 요점

여호와께서 모세에게 말씀하여 이르시되 아론과 그의 아들들과 이스라엘 온 족속에게 여호와께서 기쁘게 받으시는 제물을 말하여 이르라 하신 말씀을 찬찬히 살펴보십시오.

도움의 말

여호와께서 모세에게 말씀하여 이르시되 아론과 그의 아들들과 이스라엘 온 족속에게 여호와께서 기쁘게 받으시는 제물을 말하

여 이르라 하십니다. 이스라엘 자손이나 그 중에 거류하는 자가 서원제물이나 자원제물로 번제와 더불어 여호와께 예물로 드리려 거든 기쁘게 받으심이 되도록 소나 양이나 염소의 흠 없는 수컷으로 드리라 말씀하십니다. 여기서 이스라엘 중에 거류하는 자란 이스라엘에 뿌리를 내리고 거주하는 자들로서 율법은 이들에게도 이스라엘백성과 마찬가지의 동등한 권리와 의무를 부여하였습니다. 그렇기 때문에 이스라엘 자손이나 이들은 흠 있는 것은 무엇이나 여호와께 드리지 말라 하신 것은 그것이 하나님께서 기쁘게 받으심이 되지 못할 것이기 때문입니다. 이와 같이하여 여호와께 드려지는 모든 희생제물이 갖춰야 할 기본 조건은 소나 양이나 염소의 흠 없는 수컷입니다.

118

흠이 없는 온전한 것으로
서원제물과 자원제물을 드릴지라

레위기 22 : 21-25

만일 누구든지 서원한 것을 갚으려 하든지 자의로 예물을 드리려 하여 소나 양으로 화목제물을 여호와께 드리는 자는 기쁘게 받으심이 되도록 아무 흠이 없는 온전한 것으로 할지니 너희는 눈 먼 것이나 상한 것이나 지체에 베임을 당한 것이나 종기 있는 것이나 습진 있는 것이나 비루먹은 것을 여호와께 드리지 말며 이런 것들은 제단 위에 화제물로 여호와께 드리지 말라 소나 양의 지체가 더하거나 덜하거나 한 것은 너희가 자원제물로는 쓰려니와 서원제물로 드리면 기쁘게 받으심이 되지 못하리라 너희는 고환이 상하였거나 치었거나 터졌거나 베임을 당한 것은 여호와께 드리지 말며 너희의 땅에서는 이런 일을 행하지도 말지며 너희는 외국인에게서도 이런 것을 받아 너희의 하나님의 음식으로 드리지 말라 이는 결점이 있고 흠이 있는 것인즉 너희를 위하여 기쁘게 받으심이 되지 못할 것임이니라

기도 요점

여호와께서 모세에게 말씀하여 이르시되 아론과 그의 아들들과 이스라엘 온 족속에게 만일 누구든지 서원한 것을 갚으려 하든지 자의로 예물을 드리려 하여 소나 양으로 화목제물을 여호와께 드리는 자는 기쁘게 받으심이 되도록 아무 흠이 없는 온전한 것으로 하라 이르시는 말씀을 찬찬히 살펴보십시오.

도움의 말

여호와께서 모세에게 말씀하여 이르시되 아론과 그의 아들들과 이스라엘 온 족속에게 만일 누구든지 서원한 것을 갚으려 하든지 자의로 예물을 드리려 하여 소나 양으로 화목제물을 여호와께 드리는 자는 기쁘게 받으심이 되도록 아무 흠이 없는 온전한 것으로 하라 이르십니다. 이는 화목제 중 서원제와 자원제의 제물은 아무 흠이 없는 온전한 것이어야 되므로 여호와께서 이르시기를 너희는 눈 먼 것이나 상한 것이나 지체에 베임을 당한 것이나 종기 있는 것이나 습진 있는 것이나 비루먹은 것, 즉 버짐이 있는 짐승을 여호와께 드리지 말라하십니다. 이런 것들은 제단 위에 화제물로 여호와께 드리지 말라 이르시면서 또한 소나 양의 지체가 더하거나 덜하거나 한 것은 너희가 자원제물로는 쓰려니와 서원제물로는 기쁘게 받으심이 되지 못한다 이르십니다. 그리고 또한 너희는 고환이 상하였거나 치었거나 터졌거나 베임을 당한 것은 여호와께 드리지 말며, 너희의 땅에서는 이런 일을 행하지도 말며, 너희는 외국인에게서도 이런 것을 받아 너희의 하나님의 음식으로 드리지 말라 이르십니다. 이는 결점이 있고 흠이 있는 것인즉 너희를 위하여 기쁘게 받으심이 되지 못할 것이기 때문입니다.

_____

_____

_____

_____

_____

119

내 계명을 지키며 행하라
나는 여호와이니라

레위기 22 : 26-33

여호와께서 모세에게 말씀하여 이르시되 수소나 양이나 염소가 나거든 이레 동안 그것의 어미와 같이 있게 하라 여덟째 날 이후로는 여호와께 화제로 예물을 드리면 기쁘게 받으심이 되리라 암소나 암양을 막론하고 어미와 새끼를 같은 날에 잡지 말지니라 너희가 여호와께 감사제물을 드리려거든 너희가 기쁘게 받으심이 되도록 드릴지며 그 제물은 그 날에 먹고 이튿날까지 두지 말라 나는 여호와이니라 너희는 내 계명을 지키며 행하라 나는 여호와이니라 너희는 내 성호를 속되게 하지 말라 나는 이스라엘 자손 중에서 거룩하게 함을 받을 것이니라 나는 너희를 거룩하게 하는 여호와요 너희의 하나님이 되려고 너희를 애굽 땅에서 인도하여 낸 자니 나는 여호와이니라

기도 요점

여호와께서 모세에게 말씀하여 이르시되 너희는 내 계명을 지키며 행하라 나는 여호와이니라 너희는 내 성호를 속되게 하지 말라 나는

이스라엘 자손 중에서 거룩하게 함을 받을 것이니라 나는 너희를 거룩하게 하는 여호와요 너희의 하나님이 되려고 너희를 애굽 땅에서 인도하여 낸 자니 나는 여호와이니라 하시는 말씀을 묵상하십시오.

도움의 말

여호와께서 모세에게 말씀하여 이르시되 수소나 양이나 염소가 나거든 이레 동안 그것의 어미와 같이 있게 하라 하십니다. 여덟째 날 이후로는 여호와께 화제로 예물을 드리면 기쁘게 받으심이 되리라 말씀하십니다. 그러나 암소나 암양을 막론하고 어미와 새끼를 함께 드릴 때 같은 날에 어미와 새끼를 잡지 말라 이르십니다. 너희가 여호와께 감사제물을 드리려거든 너희가 기쁘게 받으심이 되도록 드리며 그 제물은 그 날에 먹고 이튿날까지 두지 말라 하시면서 나는 여호와이니라 말씀하십니다. 그리고 여호와께서 너희는 내 계명을 지키며 행하라 나는 여호와이니라 하시는데, 이는 율법을 제정하신 하나님의 목적은 이스라엘을 정죄 내지 심판하시려는 데 있지 않고 오히려 언약의 백성이 율법을 지켜 행함으로써 하나님과 지속적인 교제를 가질 뿐만 아니라 이를 통하여 영원한 축복을 누리도록 하는 데 있습니다. 또한 너희는 내 성호를 속되게 하지 말라 나는 이스라엘 자손 중에서 거룩하게 함을 받을 것이니라 하시며, 이어 나는 너희를 거룩하게 하는 여호와요 너희의 하나님이 되려고 너희를 애굽 땅에서 인도하여 낸 자니 나는 여호와이니라 말씀하십니다. 이는 언약백성이 하나님을 경외하며 또한 그 규례와 법도를 지켜 행하는 것이 바로 하나님백성 가운데서 하나님이 거룩하게 함을 받으시는 것이며, 또한 하나님을 하나님 되게 하는 것이며, 동시에 이는 하나님백성 자신들에게도 거룩이 되는 것임을 의미합니다.

집필자 소개

임 창 복

이화여자대학교 사범대학교 과학교육과(B.S.)

장로회신학대학교 신학대학원(M.Div.)

미국 Princeton Theological Seminary(Th.M.)

미국 University of Pittsburgh(Ph. D.)

(사)한국기독교교육교역연구원 원장 및 셈 교회 목사

장로회신학대학교 명예교수, 기독교교육학

레위기와 함께하는

묵상노트2

초판인쇄 2024년 03월 20일

초판발행 2024년 03월 20일

지 은 이 임 창 복

엮 은 이 한국기독교교육교역연구원

펴 낸 곳 사) 한국기독교교육교역연구원

주 소 12 경기 가평군 호반로 1373

전 화 (031) 567-5325, 584-8753 팩스 (031) 584-8753

총 판 처 (주)기독교출판유통

등 록 No.17-427(2005.4.7.)

ISBN 978-89-93377-66-8

값 11,000원